GRIN Verlag (Hrsg.)

Unterweisungen für kaufmännische Ausbildungsberufe

8 erprobte Vorschläge für einen Unterweisungsentwurf - Band 3

GRIN Verlag (Hrsg.)

Unterweisungen für kaufmännische Ausbildungsberufe

8 erprobte Vorschläge für einen Unterweisungsentwurf - Band 3

GRIN Verlag

Bibliografische Information der Deutschen Nationalbibliothek: Die Deutsche Bibliothek verzeichnet diese Publikation in der Deutschen Nationalbibliografie; detaillierte bibliografische Daten sind im Internet über http://dnb.d-nb.de/ abrufbar.

1. Auflage 2008
Copyright © 2008 GRIN Verlag
http://www.grin.com/
Druck und Bindung: Books on Demand GmbH, Norderstedt Germany
ISBN 978-3-640-18568-9

Inhalt:

1 Anlegen einer Personalakte nach der Leittextmethode (Unterweisung Industriekaufmann / -kauffrau)

von Silka Martens

PRÄSENTATIONSKONZEPT

Praktischer Teil der IHK-Ausbildereignungsprüfung
gemäß AEVO

Ausbildungsberuf:	Industriekauffrau/Industriekaufmann
THEMA der Ausbildungseinheit:	Anlegen einer Personalakte
ZIEL der Ausbildungseinheit:	Die/der Auszubildende soll nach der Unterweisung selbstständig eine neue Personalakte bei Eintritt neuer MitarbeiterInnen anlegen können
METHODE für die Ausbildungseinheit:	Leittextmethode
Eigenhändig erstellt von:	Silka Martens

Gliederung

1 Allgemeine Vorüberlegungen zu einer Ausbildungseinheit

Um eine Ausbildungseinheit erfolgreich durchzuführen, müssen grundsätzliche Entscheidungen getroffen werden, die bei der Planung einer betrieblichen Ausbildung mithilfe des Ausbildungsrahmenplans (Anlage 1 zu § 5 AO Industriekaufmann/Industriekauffrau) und des Rahmenlehrplans der Berufsschule Berücksichtigung finden müssen. Dazu gehört die Beantwortung der folgenden Fragen, die nachstehend kurz erläutert werden:

1. **Was** soll vermittelt werden? → Ausbildungsinhalte
2. **Wie** soll die Ausbildungseinheit durchgeführt werden? → Ausbildungsmethoden
3. **Wohin** soll die/der Auszubildende geführt werden? → Ausbildungsziele
4. **Wer** könnte Ausbildungseinheiten durchführen? → AusbilderInnen
5. **Womit** soll die Ausbildungseinheit durchgeführt werden? → Lernmittel
6. **Wem** soll die Ausbildungseinheit vermittelt werden? → Auszubildende
7. **Wo** soll die Ausbildungseinheit durchgeführt werden? → Lernorte
8. **Wann** und **wie lange**
   soll die Ausbildungseinheit durchgeführt werden? → Lernzeit und -dauer

1.1 *Was* soll vermittelt werden?

Laut § 5 (1) 3 BBiG sind „die beruflichen Fertigkeiten, Kenntnisse und Fähigkeiten, die mindestens Gegenstand der Berufsausbildung sind", in der jeweiligen Ausbildungsordnung eines jeden anerkannten Ausbildungsberufes (§ 4 BBiG) festzulegen. Diese mindestens zu vermittelnden Qualifikationen sind im dortigen Ausbildungsberufsbild (§ 4 AO) geregelt.

Der Ausbildungsrahmenplan (§ 5 AO mit Anlagen 1 und 2) enthält die Anleitung zur sachlichen und zeitlichen Gliederung, aus der sich der Ausbildungsplan (§ 6 AO) ableitet. Dieser betriebliche Ausbildungsplan wird von der Ausbilderin/dem Ausbilder erstellt. Er enthält die tatsächliche sachliche und zeitliche Gliederung und muss sowohl die Prüfungsanforderungen als auch die Anforderungen der betrieblichen Fachabteilungen berücksichtigen. Auch der Rahmenlehrplan der Berufsschule sollte in die Ausbildungsplanung einbezogen werden.

Ziel der Berufsausbildung ist die Erlangung beruflicher Handlungsfähigkeit der Auszubildenden. Diese Handlungskompetenz ist dabei so zu vermitteln, dass die/der Auszubildende das Gelernte selbstständig planen, durchführen und kontrollieren kann (§§ 1 (3) und 14 (1) BBiG sowie § 3 (2) AO). Dabei setzt sich die Befähigung zu selbstständigem beruflichen Handeln aus folgenden Kompetenzen zusammen:

a) Fachkompetenz → formuliert in Lernzielen
b) Methodenkompetenz → „Lernen lernen"
c) Sozialkompetenz → formuliert in Schlüsselqualifikationen.

Neben dem zu vermittelnden Inhalt einer Ausbildungseinheit sollte ebenso Zeitpunkt und Dauer aus dem betrieblichen Ausbildungsplan hervorgehen.

1.2 *Wie* soll die Ausbildungseinheit durchgeführt werden?

1.2.1 *Unterweisungsformen und Methoden*

Für die Vermittlung von Ausbildungseinheiten stehen mehrere Methoden zur Verfügung. Dabei muss die Ausbilderin grundlegend entscheiden, ob der Ausbildungsprozess stärker durch sie geführt und gesteuert werden muss, oder ob vorrangig die/der Auszubildende aktiv sein und selbstständig lernen soll. Entsprechend unterscheiden sich die grundlegenden Ausbildungsformen je nach Aktivitätsgrad der Ausbilderin bzw. der/des Auszubildenden.

Darbietende Verfahren	Entwickelnde Verfahren	Aufgebende, er-/verarbeitende V.
- Ausbilderin ist aktiver Teil - steuert Lernsituation in vollem Umfang - sie präsentiert, führt vor, macht vor, trägt vor etc.	- die/der Auszubildende wird stärker in die Gestaltung des Lernprozesses einbezogen - es wird besprochen, diskutiert, nachgefragt, gemeinsam überlegt etc.	- die/der Lernende kann gestellte Aufgaben weitgehend selbstständig erarbeiten - Ausbilderin steht mehr im Hintergrund und hilft bei Schwierigkeiten
- 4-Stufen-Methode - Kurzvortrag - Demonstration	- Lehrgespräch - Diskussion - Moderation	- Leittextmethode - Projektmethode - Fallmethode - Rollenspiel
Aktivität der Ausbilderin		Aktivität der/des Auszubildenden

Ähnlich dieser Darstellung kann nach <u>ausbilderkonzentrierten</u>, <u>auszubildendenkonzentrierten</u> und <u>ausbilderkonzentrierten gruppenorientierten</u> Unterweisungsformen unterschieden werden, die im Folgenden skizziert werden:

Unterweisungsformen		Methoden
ausbilderkonzentriert	- Ausbilderin steht im Vordergrund - sie macht/führt/trägt der/dem Auszubildenden etwas vor	- Vier-Stufen-Methode - Anleitung bei Bedarf - Praktische Anleitung über Arbeitsblätter - Einarbeitungsmethode
auszubildenden-konzentriert	- Förderung des selbstgesteuerten Lernens - die/der Auszubildende steht im Vordergrund - besonders für höhere Ausbildungsjahrgänge geeignet, da Vorkenntnisse vorteilhaft sind	- Leittextmethode - Projektmethode - Fallmethode - Brainstorming - Präsentation - Planspiel - Moderation
ausbilderkonzentriert gruppenorientiert	- Gruppenarbeit als Sozialform des Lernens	- Kurzvortrag - Lehrgespräch - Rollenspiel - Demonstration - Diskussion

METHODENMATRIX	Darbietende Verfahren	Entwickelnde Verfahren	Aufgebende, er-/ verarbeitende Verf.
ausbilderkonzentriert	- 4-Stufen-Methode		
auszubildenden-konzentriert	- Brainstorming - Planspiel	- Moderation	- Leittext - Projekt - Fallmethode
ausbilderkonzentriert gruppenorientiert	- Kurzvortrag - Demo	- Lehrgespräch - Diskussion	- Rollenspiel

Im Folgenden soll aufgrund der gewählten Methode für die Ausbildungseinheit in diesem Konzept auf die Leittextmethode näher eingegangen werden.

Bei der Leittextmethode eignet sich die/der Auszubildende mithilfe eines Leittextes selbstständig Kenntnisse und Fertigkeiten an und lernt damit, Probleme zu lösen. Leittexte strukturieren den gesamten Arbeitsprozess und enthalten eine Anleitung zur *Information*sbeschaffung, *Planung, Entscheidung, Ausführung, Kontrolle* und *Bewertung*. Diese Methode kann für Einzel- oder Gruppenarbeit eingesetzt werden und eignet sich beispielsweise in der Ausbildung von Industriekaufleuten hinsichtlich der Anwendung von speziellen DV-Systemen. Grundsätzlich ist sie für vielfältige Ausbildungseinheiten einsetzbar, wenn die Auszubildenden entsprechende Vorkenntnisse mitbringen (siehe auch Kap. 2.2).

1.2.2 Lernbereiche und Wahrnehmungstypen

Lernen, definiert als dauerhafte Veränderung von Verhaltensweisen aufgrund von Erfahrungen, ist ein Prozess, der diese Veränderungen in verschiedenen Bereichen bewirkt. Unterschieden werden dabei drei Lernbereiche:

Lernbereiche		Beispiele
a) kognitiv	Erwerb beruflichen Wissens	Kenntnisse
b) psychomotorisch	Erlernen (manueller) Fertigkeiten	bestimmte Tätigkeiten
c) affektiv	Erlernen bestimmter Einstellungen bzw. Wertehaltungen	Schlüsselqualifikationen

Bei der bzw. dem Auszubildenden führt Lernen demgemäß zu einer Veränderung des Wissens, der Fertigkeiten und der Einstellungen. Man kann dann von erfolgreichem Lernen sprechen, wenn sich positive Veränderungen in einem oder mehreren dieser Lernbereiche im gewünschten Ausmaß und nachhaltig einstellen. Entsprechend ist es für die berufliche Ausbildung sehr wichtig, alle drei Bereiche anzusprechen und zu fördern.

Analog der unterschiedlichen Lernbereiche kommt aus der Lernpsychologie die Erkenntnis, dass Menschen auf unterschiedliche Weise lernen. Es wird dabei zwischen folgenden Wahrnehmungstypen differenziert:

- visueller Wahrnehmungstyp
- auditiver Wahrnehmungstyp
- haptischer Wahrnehmungstyp

Für die Ausbildung ist diese Erkenntnis insofern von großer Bedeutung, als es notwendig ist, im Lernprozess möglichst alle Wahrnehmungsbereiche anzusprechen, um ein effektives und nachhaltiges Ergebnis hinsichtlich des Lernens zu erzielen.

1.2.3 Didaktische Prinzipien

Bei der Aufbereitung des Lernstoffes sind didaktische Regeln einzuhalten, um ein erfolgreiches Lernen zu gewährleisten. Dies gilt auch für die betriebliche Ausbildung. Diese unverzichtbaren Grundsätze sind folgende:

- Prinzip der Fasslichkeit
  - vom Bekannten zum Unbekannten
  - vom Leichten zum Schweren
  - vom Einfachen zum Zusammengesetzten
  - vom Allgemeinen zum Speziellen
  - vom Konkreten zum Abstrakten
  - vom Nahen zum Fernen

- Prinzip der Zielklarheit
- Prinzip der Praxisnähe
- Prinzip der altersgemäßen Entwicklungsanpassung
- Prinzip der Anschaulichkeit
- Prinzip des selbstständigen Handelns
- Prinzip der Erfolgssicherung (Lernzielkontrollen)

Dem vorliegenden Entwurf zur Gestaltung einer Ausbildungseinheit liegen insbesondere die Prinzipien der Zielklarheit, der Praxisnähe und des selbstständigen Handelns zugrunde.

1.3 *Wohin* soll die/der Auszubildende geführt werden?

Das Planen, Durchführen und Kontrollieren einer Ausbildungseinheit kann nur dann in sinnvoller Weise geschehen, wenn die Lernziele, die von der/dem Auszubildende erreicht werden sollen, vorher klar und deutlich formuliert sind. Lernzielarten unterscheiden sich nach Eindeutigkeit und Genauigkeit und untergliedern sich demnach in Richt-, Grob- und Feinlernziele.

- Das **Richtlernziel** gibt lediglich die Richtung an und ist sehr allgemein gehalten. Es weist den geringsten Grad an Genauigkeit auf und ist zwingend im Ausbildungsrahmenplan vorgeschrieben. Es lässt Interpretationsspielraum zu und muss durch Groblernziele konkretisiert werden.

- Das **Groblernziel** stellt bereits eine gewisse Konkretisierung des Richtlernziels dar. Es weist einen mittleren Grad an Genauigkeit auf und enthält das eigentliche Unterweisungsthema. Es lässt immer noch einen Interpretationsspielraum zu hinsichtlich der Zielerreichung.

- Das **Feinlernziel** wird aus dem Groblernziel abgeleitet. Es weist den höchsten Grad an Genauigkeit auf und enthält die einzelnen Arbeitsschritte (Arbeitszergliederung). Das gewünschte Endverhalten wird so konkret beschrieben, dass hinsichtlich der Zielerreichung keine Interpretationsmöglichkeiten mehr zugelassen werden.

1.4 *Wer* soll die Ausbildungseinheit durchführen?

Das Gesetz unterscheidet zwischen Ausbildenden und Ausbildern/Ausbilderinnen. Nur wer persönlich geeignet ist, darf Auszubildende einstellen. Nur wer persönlich und fachlich geeignet ist, darf Auszubildende ausbilden (§§ 28, 29, 30 BBiG).

Fachlich geeignet ist nach §§ 30, 31 BBiG, wer
a) eine abgeschlossene Berufsausbildung in einem anerkannten Ausbildungsberuf vorweisen kann
b) eine bestandene AEVO-Prüfung vorweisen kann (seit dem 01.08.2003 für 5 Jahre außer Kraft gesetzt).

Persönlich nicht geeignet ist, wer
a) Kinder und Jugendliche nicht beschäftigen darf (§ 25 JArbSchG) oder
b) wiederholt oder schwer gegen das BBiG, JArbSchG oder JuSchG verstoßen hat.

Hauptamtliche AusbilderInnen sollen maximal 16 Auszubildende betreuen, nebenamtliche mit weiteren betrieblichen Aufgaben maximal 3 Auszubildende. Sollte die Ausbildung von betrieblichen Fachkräften durchgeführt werden, ist auf ein entsprechendes Zahlenverhältnis zu achten: Bei 1-2 Fachkräften soll es 1 Auszubildende/n geben, bei 3-5 Fachkräften 2 Auszubildende, bei 6-8 Fachkräften 3 Auszubildende.

1.5 *Womit* soll die Ausbildungseinheit durchgeführt werden?

Ausbildungsmittel (Arbeits-, Lern- und Lehrmittel) dienen als Hilfe zur Förderung von Lernprozessen. Man unterscheidet zwischen Arbeitsmittel (originale Gegenstände des Arbeitsgebiets) und Lehr- und Lernmittel (Ausbildungsmedien). Sie unterstützen das nachhaltige Behalten des Lernstoffes, indem sie auf anschauliche Weise klare Vorstellungen über betriebliche Vorgänge vermitteln und Zusammenhänge darstellen. Sie fördern so die Lernmotivation.

1.6 *Wem* soll die Ausbildungseinheit vermittelt werden?

Die Ausbildungseinheit soll der/dem Auszubildenden stets unter Berücksichtigung des individuellen Kenntnisstandes vermittelt werden. Dabei spielen die Motivation, die persönliche Einstellung und das Lernverhalten der/des Auszubildenden eine große Rolle. Das entsprechende Ausbildungsjahr und der individuelle Lernfortschritt muss bei der Gestaltung der Ausbildungseinheit ebenso beachtet werden wie der persönliche Entwicklungsstand der/des Auszubildenden.

1.7 *Wo* soll die Ausbildungseinheit durchgeführt werden?

Die betriebliche Ausbildung kann an unterschiedlichen Stellen im Betrieb durchgeführt werden (interne Lernorte). Notwendige Ausbildungsinhalte, die nicht im Ausbildungsbetrieb vermittelt werden können, können außerbetrieblich entweder beispielsweise im Rahmen einer Verbundausbildung oder in überbetrieblichen (Bildungs-)Einrichtungen durchgeführt werden (externe Lernorte). Überbetriebliche Lernorte sind im Ausbildungsvertrag zu erwähnen.

Typische interne/betriebliche Lernorte sind:
- Arbeitsplatz
- Lernecke
- Lerninsel
- Ausbildungswerkstatt
- Lernbüro
- Unterrichtsraum
- Juniorfirma

1.8 *Wann* und *wie lange* soll die Ausbildungseinheit durchgeführt werden?

Die zeitliche Dauer der Ausbildungseinheit hängt ab
a) vom Ausbildungsjahr bzw. -monat, in dem die Unterweisung erfolgt,
b) von den betrieblichen Bedingungen,
c) dem bisherigen Ausbildungsablauf der/des Auszubildenden und
d) der Leistungsbereitschaft.

Um die Leistungsbereitschaft zu fördern, sollte Theorievermittlung in den Vormittagsstunden stattfinden. Für die Wiederholung und das Üben von Ausbildungseinheiten eignet sich die Zeit nach der Mittagspause. Häufige Kurzpausen sind sehr hilfreich bei der Wiederherstellung der Konzentrationskraft.

2 Planung der Ausbildungseinheit

2.1 Festlegung des Ausbildungsinhalts (Was?)

Die/der Auszubildende soll unter Einhaltung aller Ordnungsmerkmale sowie der gesetzlichen und datenrechtlichen Bestimmungen eine Personalakte selbstständig anlegen können (Erwerb von Fachkompetenz).

2.2 Festlegung der Lernmethode (Wie?)

Die Unterweisung erfolgt mithilfe der Leittextmethode (s. S. 4). Als auszubildendenkonzentrierte, erarbeitende Methode steht dabei die/der Auszubildende im Vordergrund. Sie/er muss dafür entsprechende Vorkenntnisse mitbringen. Sinnvollerweise wird diese Vorgehensweise im höheren Ausbildungsjahr gewählt. Die Leittextmethode eignet sich besonders für das selbstständige Lösen von Aufgaben. Anhand von vorgefertigten Leittexten, die in Einzel- oder in Gruppenarbeit bearbeitet werden können, werden die Auszubildenden durch die Ausbildungseinheit geführt. Leittexte unterstützen zudem das individuelle Lernen, da sie den Auszubildenden ermöglichen, ihrem jeweiligen Kenntnisstand und eigenem Lerntempo entsprechend zu lernen. Die Lösung der Aufgabe ist im Leittext nicht enthalten. Bei Schwierigkeiten hilft die Ausbilderin.

Die Ausbildungseinheit besteht bei Anwendung der Leittextmethode aus folgenden Phasen: Informieren, Planen, Entscheiden, Durchführen, Kontrollieren, Bewerten. Dabei sammeln die Auszubildenden die Informationen, planen die Arbeit, führen die Arbeit aus und kontrollieren anschließend selbstständig die Ergebnisse (s. auch Kap. 3)

Als Alternativmethode käme für die Gestaltung dieser Ausbildungseinheit etwa auch die Einarbeitungsmethode infrage. Diese besteht aus folgenden sechs Stufen: 1. Vorbereitung, 2. Zuarbeit, 3. Assistenz, 4. Ausführen von Teilaufgaben, 5. Mitarbeit, 6. Feedback. Die Einarbeitungsmethode ist eine ausbilderkonzentrierte Unterweisungsform und ist besonders geeignet für Auszubildende ohne Vorkenntnisse. Da sich die Auszubildende in diesem Beispiel bereits im 2. Ausbildungsjahr befindet, seit 2 Wochen in der Personalabteilung arbeitet und damit die nötigen Vorkenntnisse mitbringt, die sie für die erfolgreiche Bewältigung dieser Aufgabe benötigt (siehe dazu auch Kap. 2.6), und zudem als leistungsbereit gilt, ist in diesem konkreten Fall die auszubildendenkonzentrierte Leittextmethode deutlich besser geeignet.

Eine intensive Einweisung in den Umgang mit vertraulichen Personaldaten und damit eine Sensibilisierung für die strikte Einhaltung der Verschwiegenheitspflicht wurde bereits bei Eintritt in die Personalabteilung vorgenommen.

2.3 Festlegung der Lernziele (Wohin?)

2.3.1 Festlegung des Richtlernziels

Die/der Auszubildende soll nach Durchführen der Ausbildungseinheit Aufgaben der Personalverwaltung einschließlich Eintritte und Austritte bearbeiten können (§ 4 (1) 7.2 AO). Die zu vermittelnden Fertigkeiten und Kenntnisse ergeben sich aus dem Ausbildungsrahmenplan in der Anlage 1 der AO unter Punkt 7.2 b.

2.3.2 Festlegung des Groblernziels

Die/der Auszubildende soll nach der Unterweisung selbstständig die Personalakten bei Eintritt neuer MitarbeiterInnen nach firmeninternen Kriterien und unter Einhaltung aller Ordnungsmerkmale sowie der gesetzlichen und datenschutzrechtlichen Bestimmungen anlegen können.

2.3.3 Festlegung der Feinlernziele (Leittext)

Der/die Auszubildende soll nach der Ausbildungseinheit
a) die Randlaschen der Personalakte in der betriebsspezifischen Weise beschriften können,
b) die zum Eintritt einer Mitarbeitern bzw. eines Mitarbeiters vorhandenen Unterlagen den jeweiligen Registern der Personalakte zuordnen und abheften können,
c) die Personalakte mit Namen, Vornamen und Personalnummer beschriften können,
d) die Personalakte an der alphabetisch korrekten Stelle im für die Personalakten vorgesehenen Schrank einhängen, dazu den Aktenschrank mit dem Schrankschlüssel auf- und wieder abschließen und den Schlüssel an die Personalreferentin zurückgeben können.

Die/der Auszubildende soll insbesondere durch Anwendung der gewählten Methode zum selbstständigen Lernen und Arbeiten angeleitet werden, wodurch insbesondere die Planungsfähigkeit gefördert werden soll (Erwerb von Sozial- und Methodenkompetenz). Zu fördernde Schlüsselqualifikationen sind in dieser Ausbildungseinheit beispielsweise Selbstständigkeit in der Arbeitsabwicklung, Sorgfalt, Verantwortungsbereitschaft, Eigenverantwortlichkeit, Konzentrationsfähigkeit sowie Sensibilisierung für Verschwiegenheit.

2.4 Festlegung der Durchführenden der Ausbildungseinheit (Wer?)

Die Ausbilderin übergibt der/dem Auszubildenden den Leittext.

2.5 Festlegung der Lehr-/Arbeitsmittel (Womit?)

- unbeschriftete Personalakte mit transparentem Plastikclip
- ihre eigene Personalakte (als Anschauungsobjekt)
- Einlegeblätter (2 Stück)
- Textmarker und wasserfester Stift (zum Beschriften des Einlegeblattes)
- Personalunterlagen der neu eingestellten Mitarbeiterin:
  - ausgefüllter Personalfragebogen
  - Arbeitsvertrag
  - Bewerbungsunterlagen (Anschreiben, Lebenslauf, Zeugnisse)
  - Mitgliedsbescheinigung der Krankenkasse
  - Sonstiges
- vorgestanzte Papierschilder zur Beschriftung
- Kugelschreiber und Notizblock für die Auszubildende, um sich Notizen zu machen bzw. Fragen zu notieren
- Locher
- Schlüssel für den Aktenschrank

Der Leittext enthält Informationen darüber, wie und wo sich die/der Auszubildende die nötigen Arbeitsmittel, die ihr/ihm aktuell nicht zur Verfügung stehen, beschaffen kann.

2.6 Die Auszubildende (Wem?)

Mit einer Auszubildenden wird die Ausbildungseinheit durchgeführt. Sie befindet sich am Anfang des 2. Ausbildungsjahres und ist bereits seit zwei Wochen in der Personalabteilung tätig.

Da es sich um eine wenig komplexe Tätigkeit handelt und der Einsatz in der Personalabteilung zum Ende des ersten Ausbildungsjahres bzw. zu Beginn des 2. Ausbildungsjahres erfolgt, kann davon ausgegangen werden, dass ein gewisses Maß an selbstständigem Erarbeiten bereits erlernt wurde. Ferner benötigt die Auszubildende grobe Kenntnisse über die Vorgänge im Rahmen eines Einstellungsprozesses. Sie ist sich aufgrund der Einweisung, die sie hinsichtlich personenbezogener Daten zu Beginn ihrer Ausbildung in der Personalabteilung erhalten hat, darüber im Klaren, dass derlei Informationen streng vertraulich zu behandeln sind und einer absoluten Verschwiegenheitspflicht unterliegen.

2.7 Festlegung des Lernortes (Wo?)

Die Durchführung der Ausbildungseinheit soll am Arbeitsplatz in der Personalabteilung stattfinden. Der Schreibtisch, an dem die Auszubildende arbeitet, steht etwas abseits vom Tagesgeschäft, damit sie sich in Ruhe mit dem Anlegen der Personalakte beschäftigen kann, ohne dabei gestört zu werden.

2.8 Festlegung der Zeit und Dauer der Ausbildungsphase (Wann und wie lange?)

Die Ausbildungseinheit wird am Vormittag nach der Frühstückspause durchgeführt. Die Durchführung soll einschließlich der einleitenden Worten und dem Übergeben des Leittextes ca. 120 Minuten dauern.

3 Durchführung der Ausbildungseinheit

Die Leittextmethode stützt sich als erarbeitende Unterweisungsmethode auf Leittexte. Das Grundprinzip der Leittextmethode besteht darin, das Selber-Lernen der Auszubildenden anzuleiten. Im Rahmen der Berufsausbildung zur Industriekauffrau/zum Industriekaufmann wird diese Form der Selbstorganisation zur Vor- und Nachbereitung einer praktischen Tätigkeit und bei der Durchführung von Arbeitsaufgaben von der Ausbilderin eingesetzt. Die Auszubildende soll durch die Anwendung dieser Methode die Möglichkeit erhalten, verstärkt eigene Vorgehens- und Verhaltensweisen auszuprobieren, um so eigene Erfahrungen sammeln zu können und sich in einem Lernprozess für die der Aufgabenstellung angemessene Lösung zu entscheiden. (Weiteres zur LTM s. Kap. 2.2)

Die Ausbilderin
- entwickelt den Leittext mit allen Bestandteilen,
- vereinbart die Aufgabenstellung,
- unterstützt die Auszubildende bei den Entscheidungen über den Arbeitsprozess und bei der Bewertung der Ergebnisse,
- fungiert als Beraterin.

Die Auszubildende
- sammelt Informationen,
- plant die Arbeit,
- führt die Arbeit aus und kontrolliert selbstständig die Ergebnisse.

Allgemein sieht der <u>Ablauf der Ausbildungseinheit</u> folgendermaßen aus (**Handlungsschema**):

1. Stufe: **Informieren** (Was soll getan werden?)

Allgemein: Die Auszubildende erarbeitet sich eine Vorstellung über die gestellte Aufgabe.

Konkret: Die notwendigen Informationen erhält die Auszubildende zum einen anhand des Leittextes, zum anderen am Beispiel ihrer eigenen Personalakte.

2. Stufe: **Planen** (Wie geht man vor?)

Allgemein: Die Auszubildende plant Ablauf und Mitteleinsatz.

Konkret: Die Auszubildende erkennt anhand des Leittextes, welche Arbeitsmittel sie benötigt und wie sie sich fehlende Mittel beschaffen kann. Sie plant also zunächst eine sinnvolle Reihenfolge der Mittelbeschaffung, dann will sie sich anhand des Leittextes über Sinn und Funktionen der üblichen Personalunterlagen informieren, die in jeder Personalakte vorhanden sein sollten. Schließlich plant sie, die vorhandenen Unterlagen auf Vollständigkeit zu überprüfen und analog ihrer eigenen Akte ordnungsgemäß nach firmeninternen Kriterien abzuheften.

3. Stufe: **Entscheiden** (Festlegung: Weg und Arbeitsmittel)

Allgemein: Die erarbeiteten Pläne werden mit der Ausbilderin besprochen; dann werden endgültige Entscheidungen über die Arbeitsausführung getroffen.

Konkret: Die Auszubildende bespricht den unter 2. aufgestellten Plan mit ihrer Ausbilderin und entscheidet sich für diesen Arbeitsweg.

4. Stufe: **Ausführen** (Produkt/Dienstleistung erstellen bzw. Aufgabe erledigen)

Allgemein: Die Auszubildende führt die Arbeit allein nach dem selbst erstellten Arbeitsplan aus.

Konkret: Die Auszubildende beschafft sich die Arbeitsmittel und legt ordnungsgemäß die Personalakte an.

5. Stufe: **Kontrollieren** (Ist der Auftrag/die Aufgabe fachgerecht gefertigt/erledigt?)

Allgemein: Die Auszubildende kontrolliert ihre Arbeitsergebnisse selbst und nimmt Korrekturen vor.

Konkret: Die Auszubildende vergleicht die neu angelegte Personalakte mit ihrer eigenen.

6. Stufe: **Bewerten** (Verbesserungsmöglichkeiten für das nächste Mal)

Allgemein: Das Arbeitsergebnis und das Kontrollergebnis werden mit der Ausbilderin gemeinsam bewertet.

Konkret: Das Ergebnis aus dem Vergleich der neu angelegten Personalakte mit der der Auszubildenden wird gemeinsam bewertet.

4 Nachbereitung der Ausbildungseinheit

Die Nachbereitung der Ausbildungseinheit dient dazu, bei einem schlechten/mittelmäßigen Ergebnis die Ursachen festzustellen, zu analysieren und zu korrigieren.

4.1 Auswertung der Arbeitsergebnisse, die unter Anwendung der Leittextmethode erzielt wurden

Die erfolgte Unterweisung der Ausbildungseinheit wird von der Ausbilderin dahingehend analysiert, inwieweit das zuvor definierte Ausbildungsziel erreicht wurde. Dabei geht sie folgendermaßen vor, wenn das Ausbildungsziel

a) **voll** erreicht wurde (positives Ergebnis)	→ Auszubildende loben → Aufgabe sichern → Lernkontrollen festlegen → Wiederholung zeitlich festlegen
b) **teilweise** erreicht wurde (mittelmäßiges/nicht optimales Ergebnis):	→ Motivation der Auszubildenden durch Lob für bisherige Tätigkeiten → sachliche Fehlerkorrektur → Optimierungsvorschläge → planverstärkte Wiederholung → Wiederholung der Aufgaben, die nicht optimal erfüllt wurden → evtl. erneute Motivation
c) **nicht** erreicht wurde (negatives Ergebnis):	→ wirkungsvolle Kritik → intensive Wiederholungen → erneute Erklärungen → sachliche Fehlerkorrektur

4.2 Rückmeldung über den Erfolg der Ausbildungseinheit

Ziel der Unterweisung ist der Lernerfolg. Wurde dieser nicht erreicht, so ist nach den dafür verantwortlichen Ursachen zu suchen. Hierzu sollte die Ausbilderin sich folgende Fragen stellen:

- Waren die Ausbildungsplanung und -vorbereitungen sach- und fachgerecht?
- War die gewählte Ausbildungsmethode die richtige und wurde sie lernwirksam und verständlich durchgeführt?
- Waren die erforderlichen Lern-, Ausbildungs- und Lehrmittel verfügbar und erfüllten sie die ihnen zugedachte Funktion?
- War das Ausbildungsziel und der -inhalt klar definiert? Waren diese angemessen und konnten von der Auszubildenden verstanden und erreicht werden?
- Ermöglichte der gewählte Lernort ein konzentriertes und störungsfreies Lernen?
- War die vorgesehene Lern- bzw. Ausbildungszeit angemessen?
- Hat die Ausbilderin alles getan, um den Lernerfolg zu gewährleisten (Lernziele verabredet, Zwischenkontrolle durchgeführt, Hilfen angeboten, Auszubildende ausreichend motiviert)?

4.3 Maßnahmen zur Sicherung des Lernerfolgs

Der wichtigste Bestandteil einer jeden Ausbildungseinheit ist die Wiederholung. Daher sollte der Auszubildenden bei jeder Ausbildungseinheit deutlich gemacht werden, wie wichtig die Beherrschung dieser Einheit für ihre Berufsausbildung und vor allem für ihr späteres Berufsleben ist.

Wiederholungen sollten stets zusätzlich eingeplant werden, wenn die Auswertung der Lernergebnisse nicht ausreichend ist.

Außerdem sind offene Fragen im Anschluss an die Ausbildungseinheit von großer Bedeutung, da so erkannt werden kann, ob die Auszubildende die Kernpunkte und die Zusammenhänge verstanden hat.

4.4 Stabilisierung und Motivationssteigerung der Auszubildenden

Lob und Anerkennung fördern die Stabilisierung und Motivation der Auszubildenden ebenso wie Lernerfolge. Allerdings sollte Lob in einem angemessenen Verhältnis zum Komplexitätsgrad der Ausbildungseinheit stehen. Ist dies nicht der Fall, werden Frustrationen der Auszubildenden gefördert und die Glaubwürdigkeit der Ausbilderin infrage gestellt.

Erfolgt Lob und Anerkennung in einem angemessenen Verhältnis, vertrauen Auszubildende zunehmend auf ihre selbstständige Handlungsfähigkeit und ihrem Selbstvertrauen, um sich neuen Aufgaben zu stellen. Unterschieden wird dabei in intrinsische und extrinsische Motivation. Erstere kommt von innen und meint das Interesse an der Arbeit, am Lernen, das von sich aus vorhanden ist. Die extrinsische Motivation dagegen kommt von außen und wird z. B. durch Loben bzw. Belohnung oder Vermeiden von negativen Konsequenzen gefördert. Je weniger intrinsische Motivation vorhanden ist, umso mehr müssen äußere Anreize für eine Lernmotivation gegeben werden.

5 Anhang: Der Leittext

Für einen umfassenden Leittext kann zusätzlich zum **Aufgabentextteil** ein Sachwortverzeichnis (**Index**) sowie ein **Glossar** erstellt werden. Im unserem Fall liegt zwar ein Glossar vor, in dem verschiedene Fachbegriffe sowie die Funktionen bzw. Notwendigkeiten der Unterlagen, die in eine vollständige Personalakte gehören, erläutert werden. Der Umfang dieses Glossar würde jedoch den Rahmen dieses Präsentationskonzepts sprengen.

Um die Leittextmethode zu verdeutlichen, sind im Folgenden die sieben Aufgaben bzw. Arbeitsschritte aufgeführt, die den eigentlichen Leittext der Ausbildungseinheit „Anlegen einer Personalakte" darstellen, und einer erfolgreichen, selbstständigen Durchführung dienen:

Leittext

	Aufgaben (Arbeitsschritte)
Aufgabe 1	Bereiten Sie Ihren Arbeitsplatz vor.
Aufgabe 2	Beschaffen Sie sich die nötigen Arbeitsmittel, die Ihnen noch fehlen. Diese sind im Glossar unter „Arbeitsmittel" aufgeführt.
Aufgabe 3	Lesen Sie sich die ausführlichen Informationen in diesem Leittext über notwendige Bestandteile einer Personalakte aufmerksam durch.
Aufgabe 4	Beschriften Sie die Personalakte (Registerlasche).
Aufgabe 5	Heften Sie die kompletten Personalunterlagen der neu eingestellten Mitarbeiterin in der richtigen Reihenfolge in die jeweiligen Registerfächer der Personalakte (z. B. persönliche Daten, Vertragsbestandteile, Bewerbungsunterlagen usw.) ab.
Aufgabe 6	Beschriften und befestigen Sie das Namensschild.
Aufgabe 7	Legen Sie die neu angelegte Personalakte im Personalaktenschrank ab und schließen Sie diesen vorschriftsmäßig ab. Anschließend übergeben Sie bitte den Schlüssel Ihrer Ausbilderin.

2 Prüfen von Eingangsrechnungen auf Vollständigkeit der Rechnungsangaben und rechnerische Richtigkeit (Unterweisung Bürokaufmann / -frau)

von Kati Friedemann

Unterweisungsentwurf
zur Ausbildereignungsprüfung

Angaben zur Person des Prüfungsteilnehmers:

Name:

Anschrift:

Prüf-Nummer:

Angaben zur Zielgruppe der Auszubildenden in der betrieblichen Ausbildung:

Ausbildungsberuf: Bürokauffrau

Ausbildungsjahr: 2. Ausbildungsjahr/ 1. Halbjahr

Unterweisung:

Unterweisungsthema: Prüfen von Eingangsrechnungen auf Vollständigkeit der Rechnungsangaben und rechnerische Richtigkeit.

Lernziel: Feinlernziel Der Azubi ist nach der Unterweisung in der Lage, Eingangsrechnungen auf sachliche und rechnerische Richtigkeit fachgerecht und selbstständig zu prüfen.

Unterweisungsmethode: Ablauf der Unterweisung nach der 4-Stufen - Methode (TWI):
1. Vorbereiten/ Heranführen an die Aufgabe, motivieren
2. Vormachen und Erklären des Vorganges
3. Nachmachen und Erklären lassen durch den Azubi
4. Selbstständiges Üben und Festigen der erworbenen Fertigkeiten und Kenntnisse

Anschauungs- und Arbeitsmittel: Lehrmittel: Rechnungen, Übersicht über Pflichtangaben auf Rechnungen (Prüfschema), Schreibmittel, Taschenrechner, Stempel „geprüft"
Lernmittel: Musterrechnung mit allen erforderlichen Pflichtangaben, Lernauftrag

Formen der Lernziel- kontrolle: Fragen in Stufe 1, Beobachten, Bewerten, Beurteilen, eventuelle Fehler aufzeigen und korrigieren lassen, Arbeitsblatt für den Azubi

Ich erkläre, dass ich diesen Unterweisungsentwurf selbstständig erstellt habe.

_____ _____
Ort, Datum   Unterschrift

Unterweisungsentwurf
Inhaltsverzeichnis

1.   Pädagogische Ausgangssituation

Die Auszubildende Anna Müller ist 18 Jahre alt und besitzt den Realschulabschluss. In unserem Unternehmen wird sie innerhalb von 3 Jahren im dualen System zur Bürokauffrau ausgebildet. Frau Müller zeigt großes Interesse an dem zu erlernenden Beruf, verfügt über eine sehr gute Auffassungsgabe und erledigt ihr übertragene Aufgaben zuverlässig. Ebenso hervorzuheben sind ihre guten Leistungen in der Berufsschule. Die Auszubildende befindet sich am Anfang des 2. Ausbildungsjahres und durchläuft derzeit im praktischen Teil ihrer Ausbildung die Abteilung *Rechnungsprüfung*. In dieser Abteilung soll Frau Müller Eingangsrechnungen auf ihre Vollständigkeit und deren rechnerische Richtigkeit überprüfen, da diese eine notwendige Vorbereitung in dieser Abteilung ist und somit zur Einführung dient.

Laut Ausbildungsordnung der Bürokauffrau wird dieses Thema dem Bereich Auftrags- und Rechnungsbearbeitung (§3 Nr. 8.1; laufende Nr. 8.1 Absatz c AO) zugeordnet, welches im 2. Lehrjahr behandelt wird.

2.   Didaktische Überlegungen

2.1   Lernziele

Richtlernziel
Die Auszubildende wird im Rechnungswesen in allgemeine Buchhaltungsvorgänge eingeführt.

Groblernziel
Die Auszubildende bearbeitet Geschäftsvorgänge in der Abteilung Kreditorenbuchhaltung/ Rechnungsprüfung.

Feinlernziel
Die Auszubildende prüft selbstständig Eingangsrechnungen auf die Vollständigkeit erforderlicher Rechnungsangaben und deren rechnerische Richtigkeit. Sie kann nach erfolgter Prüfung beurteilen, ob eine Rechnung gebucht oder an den Rechnungssteller zurückgesandt werden muss.

2.2   Lernzielbereiche

Kognitives Lernziel (Vermittlung von Kenntnissen)

Nennen der Angaben einer Rechnung, die bei Prüfung auf Vollständigkeit notwendig sind. Wissen, welche Konsequenzen sich bei nicht korrekter Prüfung für unser Unternehmen ergeben können.

Psychomotorisches Lernziel (Vermittlung von Fertigkeiten)

Ordnungsgemäßes, sorgfältiges und verantwortungsbewusstes Prüfen einer Rechnung auf Vorhandensein aller Pflichtangaben. Die Auszubildende achtet auf Ordnung am Arbeitsplatz.

Affektives Lernziel (Vermittlung von gefühlsmäßigen Verhaltensweisen)

Erkennen der Notwendigkeit dieser Arbeit für das Unternehmen, da laut gesetzlichen Vorschriften Rechnungen bestimmte Pflichtangaben ausweisen müssen, um vom Finanzamt anerkannt zu werden.

3. Verlauf der 4-Stufen-Methode

4-Stufen-Methode (insgesamt 15 min.)

1. Stufe: Vorbereitung (durch den Ausbilder), informieren und motivieren ca. 2,5 min

2. Stufe: Vormachen und erläutern (durch den Ausbilder) ca. 5 min

3. Stufe: Nachmachen und erklären lassen (durch die Auszubildende) ca. 5 min

4. Stufe: Üben und festigen der Arbeitsaufgabe (durch die Auszubildende) ca. 2,5 min

3.1   1. Stufe/ Vorbereiten (Ausbilder aktiv; Azubi passiv)

Was?	Wie?
Arbeitsmittel bereitstellen	Arbeitsplatz vorbereiten indem Rechnungen, Prüfschema für Rechnungen, Schreibmaterial, Taschenrechner, Stempel „geprüft" bereitgelegt wird
Kontaktaufnahme, Befangenheit nehmen	Freundliche Begrüßung, Frage nach dem Befinden
Vorkenntnisse prüfen	Auf theoretischen Kenntnissen aufbauen, Fragen zum letzten Thema: Was war das letzte Thema? Gibt es noch Unklarheiten?
Interesse wecken und motivieren	Hinweis auf die Wichtigkeit dieses Schrittes, da sich hierbei entscheidet, ob eine Rechnung anerkannt wird oder zurück gewiesen werden muss
Unterweisungsthema und Lernziel benennen	Die Auszubildende soll nach dieser Unterweisung in der Lage sein, selbständig Rechnungen auf die Vollständigkeit von Rechnungsangaben und deren rechnerische Richtigkeit zu prüfen, damit sie im SAP erfasst und weiterverarbeitet werden kann oder gegebenenfalls zurückgewiesen werden muss

3.2   2. Stufe/ Vormachen und Erklären (Ausbilder aktiv; Azubi passiv)

Ich erkläre der Auszubildenden anhand von Rechnungen und einem beiliegendem Prüfschema, welche Angaben auf einer Rechnung zwingend notwendig sind, einerseits durch gesetzliche Vorschriften, andererseits um eine Rechnung ordnungsgemäß verbuchen und zur Zahlung anweisen zu können.
Jede Rechnungsangabe wird bei Vorhandensein abgehakt. Weiterhin ist die rechnerische Richtigkeit nachzuprüfen, indem alle ausgewiesenen Positionen nachgerechnet werden und der angewandte Steuersatz ist mit der in Rechnung gestellten Lieferung/Leistung abzugleichen.

Bei fehlenden Angaben und falsch ausgewiesenen Rechnungsbeträgen muss eine Rechnung beanstandet und an den Rechnungssteller zurückgewiesen werden.

4

Arbeitszergliederung (Arbeitsaufgabenanalyse) ab Stufe 2: Vormachen

Didaktisches Hilfsmittel des Ausbilders

Didaktik: **Was** ist zu tun?	Methodik: **Wie** wird es gemacht?	Begründung: **Warum** wird es so gemacht?
1. Lernschritt: Kontrolle, ob alle geforderten Angaben auf der Rechnung ausgewiesen sind.	Durch Vergleichen und Abhaken jeder einzelnen Angabe mit Hilfe des Prüfschemas.	Weil nur Rechnungen mit allen erforderlichen Angaben zum Vorsteuerabzug berechtigen und vom Finanzamt anerkannt werden **Hinweis:** Die Bankverbindung des Lieferanten ist keine Pflichtangabe, aber für die Überweisung des Rechnungsbetrages notwendig
2. Lernschritt: Rechnerische Prüfung ist durchzuführen.	Durch Nachrechnen aller einzelnen Positionen, der ausgewiesenen Mehrwertsteuer, des Netto- und des Bruttobetrages	Rechnerische Richtigkeit muss stimmen **zu beachten:** Rechnungskürzung ist erlaubt, keinesfalls aber eine Erhöhung der Rechnung.
3. Lernschritt: Kontrolle des angewandten Steuersatzes.	Vergleichen des ausgewiesenen Steuerbetrages mit der abgerechneten Lieferung/ Leistung.	Weil für Lieferungen/ Leistungen verschiedene Steuersätze anwendbar sind, wie z.B.: allgemeiner Steuersatz 16 %: für Dienstleistungen ermäßigter Steuersatz 7 %: für Lebensmittel.
4. Lernschritt: Bei Vorhandensein aller Angaben und Feststellen der rechnerischen Richtigkeit wird die Rechnung abgezeichnet.	„geprüft" - Stempel und Signum auf Rechnung setzen	**Endkontrolle:** Der nächste Bearbeiter dieser Rechnung weiß, dass die 1. Prüfung der Rechnung erfolgt ist und kann weitere Schritte bis zur Verbuchung und Zahlung der Rechnung einleiten oder diese an den Rechnungssteller zurücksenden.

3.3   **3. Stufe/ Nachmachen u. erklären lassen (Ausbilder passiv; Azubi aktiv)**

Die Auszubildende soll nun das Erlernte selbst nachmachen. Dazu überreiche ich ihr ein Prüfschema, welches die zu prüfenden Pflichtangaben einer Rechnung ausweist. Ich weise die Auszubildende noch einmal darauf hin, die Rechnungsangaben sorgfältig zu prüfen, da nur Rechnungen mit vollständigen Angaben verbucht und zur Zahlung angewiesen werden dürfen, diese dann bei Vorhandensein abhaken und erklären, warum diese Angaben benötigt werden.

Bei auftretenden Fehlern gebe ich der Auszubildenden sachliche Hinweise und fordere Sie auf, anhand des Prüfschemas nachzuvollziehen, wo die Fehlerquelle liegt. Diese Fehler müssen behoben werden, da gelernte Fehler sonst sehr schwierig zu beheben sind.

Wenn die Auszubildende ihre Arbeit geleistet hat, werde ich sie loben, um sie für weitere Aufgaben zu motivieren. Mangelhafte Arbeit kann ermahnt werden. Dabei sollte jedoch die persönliche Gefühlswelt der Auszubildenden respektvoll beachtet werden.

3.4   **4. Stufe/ Anwenden, Üben und Festigen (Ausbilder passiv; Azubi aktiv)**

Ich frage die Auszubildende, ob sie die Unterweisung verstanden hat und fordere sie auf, in diesem Zusammenhang noch auftretende Fragen zu stellen. Diese werde ich ihr dann beantworten, um Kenntnislücken zu schließen.

Zum Festigen der unter Stufe 2 beschriebenen Lernschritte soll die Auszubildende die vorliegende Rechnung selbständig prüfen. Nach Ausführung dieser Aufgabe soll die Auszubildende ihre Arbeit selbst kontrollieren und mir vorlegen, um Unklarheiten zu beseitigen.

4.   Verabschiedung

Zum Abschluss der Unterweisung bitte ich die Auszubildende, diese Unterweisung in ihr Berichtsheft einzutragen und mir später zur Unterschrift vorzulegen. Gleichzeitig gebe ich Termin und Thema der nächsten Unterweisung bekannt.

01.12.2006   „Übernahme der geprüften Rechnungsdaten in das SAP-System"

Ich erkenne das gezeigte Interesse der Azubi an und verabschiede sie an ihren Arbeitsplatz. Ich überreiche Frau Müller den Lernauftrag, der bis zur nächsten Unterweisung erledigt sein muss, sowie ein Merkblatt über ergonomisches Sitzen am Arbeitsplatz und eine Musterrechnung.

5.   **Anlagen**

Lernauftrag für die Auszubildende

1. Nennen Sie Pflichtangaben die auf einer Rechnung zwingend notwendig sind?

2. Warum ist es so wichtig, dass alle erforderlichen Angaben auf einer Rechnung notwendig sind?

3. Warum sollte neben der Prüfung aller Pflichtangaben die rechnerische Richtigkeit der Rechnung überprüft werden?

4. Welche Steuersätze kennen Sie?

5. Was wäre der nächste Schritt, nachdem die Überprüfung aller notwendigen Pflichtangaben erfolgreich durchgeführt wurde?

6. Sie haben Fehler bzw. fehlende Angaben in einer Rechnung erkannt, was wäre die Konsequenz die sich daraus ergibt?

Rechnungs-Pflichtangaben

1. Name und Anschrift des leistenden Unternehmens,

2. Name und Anschrift des Leistungsempfängers,

3. Termin der Lieferung oder Leistung,

4. Menge und Bezeichnung der gelieferten Produkte oder Art und Umfang der Dienstleistung,

5. die ggf. nach Steuersätzen aufgeschlüsselten Netto-Beträge und

6. die jeweils darauf entfallenden Steuer-Beträge,

7. das Ausstellungsdatum,

8. eine fortlaufende, einmalig vergebene Rechnungsnummer sowie

9. die Steuernummer oder die Umsatzsteuer-Identifikationsnummer des Ausstellers

10. Auf rechnerische Richtigkeit prüfen

Musterrechnung mit allen Pflichtangaben

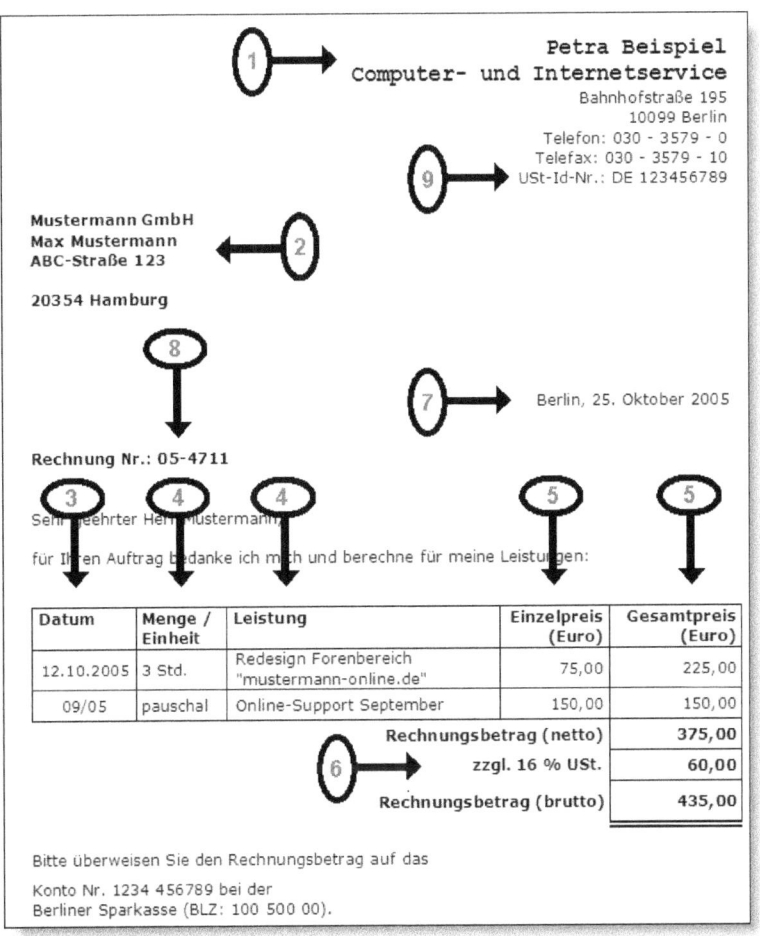

Petra Beispiel
Computer- und Internetservice
Bahnhofstraße 195
10099 Berlin
Telefon: 030 - 3579 - 0
Telefax: 030 - 3579 - 10
USt-Id-Nr.: DE 123456789

Mustermann GmbH
Max Mustermann
ABC-Straße 123

20354 Hamburg

Berlin, 25. Oktober 2005

Rechnung Nr.: 05-4711

Sehr geehrter Herr Mustermann,

für Ihren Auftrag bedanke ich mich und berechne für meine Leistungen:

Datum	Menge / Einheit	Leistung	Einzelpreis (Euro)	Gesamtpreis (Euro)
12.10.2005	3 Std.	Redesign Forenbereich "mustermann-online.de"	75,00	225,00
09/05	pauschal	Online-Support September	150,00	150,00
		Rechnungsbetrag (netto)		375,00
		zzgl. 16 % USt.		60,00
		Rechnungsbetrag (brutto)		435,00

Bitte überweisen Sie den Rechnungsbetrag auf das

Konto Nr. 1234 456789 bei der
Berliner Sparkasse (BLZ: 100 500 00).

3 Das korrekte Ausfüllen eines Überweisungsträgers (Unterweisung Bürokaufmann / -frau)

von Paul Freunscht

AdA

- Ausbildung der Ausbilder -

Das korrekte Ausfüllen eines Überweisungsträgers

Unterweisungsentwurf

zur

Eignungsprüfung für Ausbilder/-innen

Student:
Paul Freunscht
Fachrichtung:
International Business Administration

Unterweisungsprobe 08.11.2005 Paul Freunscht

Inhaltsverzeichnis

1 Vorbemerkungen

1.1 Einordnung des Themas

Die Auszubildende befindet sich ganz zu Beginn ihrer Ausbildung in ihrer ersten Fachabteilung, der Buchhaltung. Im Forschungszentrum Karlsruhe werden alle Überweisungen mittlerweile elektronisch ausgeführt und es ist im Tagesgeschäft nicht mehr notwendig Überweisungsträger manuell auszufüllen. Dennoch ist als Einstieg in die elektronische Überweisung das Vermögen zum korrekten Ausfüllen eines Überweisungsträgers sehr sinnvoll. Auf diese Art und Weise lernt die Auszubildende die notwendigen Formalitäten beim ausfüllen von Unterweisungen kennen ohne von Anfang an mit den speziellen Tücken der Überweisungssoftware kämpfen zu müssen. Diese Grundlage wird ihr später beim eigenständigen bearbeiten elektronischer Überweisungen sehr nützlich sein. Weiterhin kann sie das erlernte Wissen auch privat anwenden um eigene Überweisungen mühelos und korrekt zu tätigen was zusätzlich motivierend wirkt.

1.2 Adressatenanalyse

Die 16-jährige Auszubildende befindet sich im vierten Monat des ersten Ausbildungsjahres zur Bürokauffrau. Sie hat die Realschule mit einem sehr guten Abschluss beendet und absolviert nun ihre Ausbildung in der Forschungszentrum Karlsruhe GmbH. Zu Beginn der Ausbildung wird sie in der Buchhaltung eingesetzt und erlangt dort nun erste Erfahrungen. Sie besitzt keinerlei Vorbildung im Bereich Buchhaltung, besitzt jedoch ein eigenes Girokonto von dem sie jedoch bisher nur ihr monatliches Taschengeld abhebt.

Die Auszubildende ist zuverlässig, zuvorkommend sowie gewissenhaft. Die ihr übertragenen Aufgaben werden ordnungsgemäß und zur vollsten Zufriedenheit erledigt. Gegenüber Mitarbeitern ist sie stets freundlich und hilfsbereit.

Um ein angenehmes Betriebsklima zu ermöglichen, werden im Forschungszentrum Karlsruhe sämtliche Mitarbeiter – und somit auch die Auszubildenden – geduzt.

1.3 Lernort

Für die Unterweisung wurde der Showroom des Unternehmens gewählt. Hier besteht die Möglichkeit ungestört das Thema durchzusprechen. Durch die großen Fenster wird der Raum mit Tageslicht gut ausgeleuchtet und wirkt hell und freundlich. Die Ausstattung ist sehr modern gehalten. Besonders viel Wert wurde auf Qualität der Tische und Stühle gelegt. 15 Minuten vor der Unterweisung wurde der Raum gelüftet um ein gutes Raumklima zu schaffen. Die Auszubildende sitzt neben vom Ausbilder, sodass sie einen guten Blick auf die Unterweisungsunterlagen hat.

1.4 Ausbildungsmittel und zeitlicher Rahmen

Für die Auszubildende liegen Kugelschreiber und Bleistift, sowie ein Radiergummi bereit. Zwei Übungsbeispiele wurden vorbereitet. Das erste Muster wird zum Vor- und Nachmachen verwendet. In einem zweiten Schritt soll die Auszubildende in Anwesenheit des Ausbilders einen Überweisungsträger selbstständig und fehlerfrei ausfüllen. Weiteres Hilfsmittel ist ein Schreibblock.

Für die Unterweisung sind ca. 20 Minuten geplant. Um eine hohe Konzentration von dem Auszubildenden erwarten zu können, findet die Unterweisung morgens, zwischen 09:00 Uhr und 10:00 Uhr, statt. In dieser Zeit ist die Aufnahmefähigkeit am größten. Es wurde hier ein Dienstag ausgewählt. Der Auszubildende hat den Einstig in die Arbeitswoche gefunden und kann sich auf wesentliche Themen konzentrieren.

1.5 Didaktische Analyse

Die verschiedenen Lernziele werden in einer Lernzielkette zusammengefasst. Das Richtziel besteht darin der Auszubildenden die Arbeitsweisen in der Buchführung näher zu bringen. Als Grobziel gilt es der Auszubildenden den Umgang mit Überweisungen näher zu bringen.
Das Feinziel der didaktischen Analyse ist es, dass die Auszubildende einen Überweisungsträger korrekt ausfüllen kann.

Die Operationalisierung lautet hierbei wie folgt: Die Auszubildende soll in der Lage sein innerhalb von zehn Minuten, mit den zur Verfügung gestellten Daten, einen Überweisungsträger korrekt auszufüllen.

2 Unterweisung mit Hilfe der „Vier-Stufen-Methode"

(2.1) Motivation und Vorbereitung

(2.2) Gemeinsame Erarbeitung mit Hilfe eines Beispiels

(2.3) Anwenden des Erlernten durch die Auszubildende

(2.4) Kontrolle des Ergebnisses

2.1 Motivation und Vorbereitung

In der Motivations- und Vorbereitungsphase ist es besonders wichtig, eine angenehme Arbeitsatmosphäre schaffen, die die Anspannung der Auszubildenden löst. Zu Beginn dieser Phase stellen sich sowohl der Ausbilder selbst als auch die Auszubildende gegenseitig vor. Im Folgenden stellt der Ausbilder auflockernde Fragen zum bisherigen Verlauf der Ausbildung und dem Befinden der Auszubildenden um eine Vertrauensgrundlage herzustellen. Anschließend wird der Ausbilder der Auszubildenden das Thema, das im Anschluss unterwiesen werden soll, vorstellen und dessen Bedeutung erläutern. Dies soll die Auszubildende motivieren und ihre Lernbereitschaft fördern. Während der Erläuterung kann die Ausbilderin eventuell bestehende Vorkenntnisse erfragen. Gegen Ende der Motivationsphase beschreibt die Ausbilderin das Lernziel.

2.2 Gemeinsame Erarbeitung mit Hilfe einer Beispielunterweisung

Zunächst erklärt der Ausbilder ausführlich die Vorgehensweise beim Ausfüllen eines Überweisungsträgers. Das Beispiel dient dazu, dass der Ausbilder gemeinsam mit der Auszubildenden die Lerninhalte erarbeitet. Damit die Unterweisung praxisnah durchgeführt werden kann und die Auszubildende nicht das Interesse verliert, soll diese unter Anleitung der Ausbilderin die Arbeitsschritte selbst am Computer durchführen. Während der Übung stellt der Ausbilder Fragen um sicherzugehen, dass die Auszubildende auch verstanden hat was sie tut. Sollten Verständnissschwierigkeiten auftreten, wird der Teil wiederholt und aufkommende Fragen besprochen.

2.3 Anwendung des Erlernten

In dieser Phase soll die Auszubildende das zuvor Erlernte selbstständig anwenden und eine abgewandelte Aufgabe bewältigen. Die Ausbilderin stellt hierzu die Aufgabe nochmals kurz vor und beantwortet alle Fragen der Auszubildenden hierzu. Sobald die Fragen geklärt sind, beginnt die Auszubildende mit der Aufgabe, wobei die Ausbilderin unterstützend zu Seite steht.

2.4 Kontrolle des Lernziels und abschließende Motivation

Zum Abschluss kontrolliert die Ausbilderin das Ergebnis und stellt hierbei fest, ob die Inhalte des Lernziels erfolgreich vermittelt wurden. Sollten Fehler auftreten, so geht die Ausbilderin zusammen mit der Auszubildenden diesen auf den Grund und versucht diese zu beheben.

Außerdem sollte die Ausbilderin die Auszubildende am Ende des erfolgreich erstellten Diagramms loben und deren Leistung anerkennen, um diese für weitere Aufgaben zu motivieren.

3 Zeitplan

Phase	Ziel	Inhalt	Kommuni-kation	Hilfs-mittel	Zeit
Begrüßung und Motivation	Herstellen des persönlichen Kontakts, Abbau von Nervosität und gegenseitiges Kennenlernen	Begrüßung, gegenseitiges Vorstellen und Kennenlernen	Dialog	Keine	2-3 Min.
Vorstellen des Themas	Lern- und Unterweisungsziele erklären	Nennen des Themas und Erfragen von Vorkenntnissen	Dialog	Keine	1 Min.
Motivation	Praxisbezug herstellen, Bedeutung des Themas erläutern, Vertrauen schaffen	Warum sollte man eine Überweisungsträger korrekt ausfüllen können? Begründen des Lernziels und dessen Bedeutung	Dialog	Keine	1 Min.
Gemeinsame Erarbeitung	Gemeinsames Ausfüllen und Überprüfen des Überweisungsträgers	Gemeinsames Erarbeiten des Beispiels, Ausfüllen des Überweisungsträgers	Dialog, Fragen des Azubis beantworten	Überweisungstr äger, Vorgaben	5 Min.
Selbst-ständige Erarbeitung	Eigenständiges Ausfüllen eines Überweisungsträgers nach Vorgaben	Anwenden der erworbenen Kenntnisse durch Lösen der Aufgabe	Selbstständiges Ausfüllen durch die Auszubildende und evtl. Beantwortung von Fragen	Überweisungsträ ger, Vorgaben	5 Min.
Lernziel-kontrolle	Sicherstellung des Lernerfolgs und wiederholte Motivation, Abschließen der Unterweisung	Überprüfung des Resultats, Klären von Fragen, Verabschiedung	Dialog	Überweisungstr äger, Vorgaben	3 Min.

4 Anhang

4.1 Vorgaben Beispiel I

Rechnungssteller: Benjamin Schön

Bankverbindung: Volksbank Glantal

Bankleitzahl: 540 502 20

Kontonummer: 10 87 4 75

Rechnungsbetrag: 78,98 €

Rechnungsnummer: 4671

Grund: Malerarbeiten

4.2 Musterlösung Beispiel I

4.3 Vorgaben Beispiel II

Rechnungssteller: Kalle Di

Bankverbindung: Kreissparkasse Kaiserslautern

Bankleitzahl: 440 540 70

Kontonummer: 227 63 23

Rechnungsbetrag: 1240,00 €

Rechnungsnummer: 97933

Grund: Werbung im Amtsblatt

4.4 Musterlösung Beispiel II

4 Unterscheidung zwischen POS, POZ und ELV (Unterweisung Bankkaufmann / -kauffrau)

von Franziska Panna

Berufs- und Arbeitspädagogik

Ausarbeitung zur praktischen Ausbilderprüfung

Name : Panna
Vorname : Franziska

Ausbildungsberuf : Bankkaufmann/Bankkauffrau
Thema : Unterscheidung zwischen POS, POZ und ELV
Unterweisungsmethode : Lehrgespräch
Dauer der Unterweisung : 20 Minuten
Auszubildende : Eine Auszubildende im 2. Ausbildungsjahr

1. Ausbildungsthema

Während der Ausbildungseinheit soll dem Auszubildenden die richtige Unterscheidung zwischen den Point of Sale Verfahren vermittelt werden (POS, POZ und ELV). Diese Ausbildungseinheit gehört zu einer vollständigen Ausbildung zur/zum Bankkaufmann/Bankkauffrau dazu und ist insbesondere sehr wichtig bei der Beratung und Betreuung der Firmenkunden.

2. Fachliche Einordnung des Themas

Das Ausbildungsthema leitet sich aus dem Ausbildungsrahmenplan für die Berufsausbildung der/des Bankkauffrau/ Bankkaufmanns (zur Vereinfachung ab jetzt Bankkauffrau)ab. Das Ausbildungsthema wird dem Punkt 3.2 „Nationaler Zahlungsverkehr" zugeordnet. Hierbei wird insbesondere Bezug auf den Punkt a) „Kunden bei der Wahl der Zahlungsart beraten" genommen.
Hierbei wird Bezug genommen auf den bargeldlosen Zahlungsverkehr im Bereich der Firmenkunden. Insbesondere die drei POS- Verfahren, die von besonderem Interesse sind, wenn es darum geht Firmenkunden zu beraten. Welches Zahlungssystem die Firmenkunden(FK) in Ihrer Firma anwenden möchten bzw. auf welche Weise Ihre Kunden zahlen sollen.
Da jeder Auszubildende im Bereich der Firmenkundenbetreuung eingesetzt werden soll, besteht auch die Wahrscheinlichkeit, dass er in die Situation kommt, einen Firmenkunden nach Kosten- und Leistungsaspekten zu beraten (oder an einem Beratungsgespräch teilzunehmen), für welches dieser drei Systeme er sich entscheiden soll. Daher müssen die Unterschiede zwischen POS, POZ und ELV bekannt sein.

3. Ausbildungswert des Themas

Durch die Teilnahme an dieser Lehreinheit wird in erster Linie das Selbstbewusstsein des Auszubildenden gestärkt, denn, wenn er diese drei verschiedenen Verfahren des bargeldlosen Zahlungsverkehrs unterscheiden kann, dann ist er insbesondere im Bereich der Firmenkundenbetreuung, wie bereits in Punkt 2 erwähnt, gut vorbereitet. Der Auszubildende soll nach diesem Lehrgespräch in der Lage sein einem Firmenkunden anhand der Unterschiede der Verfahren die Vorteile für den Kunden nahe zu bringen. Das bedeutet, wenn der Auszubildende in eine Situation kommt in der er entweder beraten soll oder ein Firmenkunde Fragen zu diesem Thema hat, dann kann er sie beantworten und somit dem Kunden weiterhelfen. Sogar eine entsprechende Produktberatung ist mit diesen Kenntnissen möglich, da der Auszubildende die verschiedenen Preise der Verfahren kennt und die entsprechende Sicherheit einschätzen kann. So kann er verschiedene Situationen des Kunden richtig einschätzen und im Sinne seines Kreditinstitutes und im Sinne des Firmenkunden entsprechend richtig handeln.

4. Beschreibung des Auszubildenden

Die Auszubildende ist 20 Jahre alt und befindet sich im 2. Ausbildungsjahr zur Bankkauffrau. Sie hat zuvor das Abitur erhalten. Die Auszubildende war zuvor noch nicht im Firmenkundencenter Ihres Ausbildungsunternehmens eingesetzt. Dies ist aber für das zweite Ausbildungsjahr, in dem sie sich seit einem Monat befindet, vorgesehen. Die Auszubildende hat schon Erfahrung mit Privatkunden, die in der Filiale mit bargeldlosen Zahlungsproblemen auf sie zugekommen sind. Zum Beispiel, wenn die Kunden einer Zahlung widersprochen haben oder das entsprechende Konto bei der Abbuchung nicht gedeckt war und somit noch eine Forderung des Warenhauses ausstand. Mit diesen Kunden hatte die Auszubildende schon zutun und kennt daher schon ein paar Abläufe des bargeldlosen Zahlungsverkehrs, die Ihr vielleicht helfen können. Zudem zahlt die Auszubildende in Ihrem Privatleben selber häufig mit Ihrer Sparkassenkarte in Geschäften. Daher kennt sie die Verfahren schon oberflächlich, da sie weiß, dass in manchen Geschäften eine Unterschrift genügt und in anderen Geschäften wird die Eingabe der PIN erwartet, um bezahlen zu können. Da sie, wie viele 20-jährige Frauen in Ihrem Alter gerne einkaufen geht und weil sie sich für den Bereich „Vertrieb" sehr interessiert, ist sie schon gespannt auf die Unterweisung und geht mit großem Interesse an dieses Thema heran. Sie ist sehr selbstbewusst und berichtet auch gerne von Ihren eigenen Erfahrungen. Daher behält sie Ausbildungsinhalte, die in Form eines Gespräches abgehandelt werden sehr gut. Eine Unterstützung von Medien, die das Thema zusätzlich schriftlich festhalten, ist zudem aber trotzdem angebracht, um das gelernte bei ihr zu vertiefen.

5. Lernzielbeschreibung

Während der Ausbildungseinheit sollen mehrere Lernziele (zumeist kognitive) von dem Auszubildenden erlernt werden. Ein besonderer Punkt ist es hierbei, dass der Auszubildende die Unterscheidung der Verfahren in Zusammenhang mit der Beratung im Firmenkundenbereich bringen kann. Er soll die neu erlernten Kenntnisse also praxisbezogen anwenden können.

- Der Auszubildende unterscheidet auswendig die drei verschiedenen Point-of-sale-Verfahren anhand der Zahlungsgarantie und den entstehenden Kosten für den Händler.

- Der Auszubildende nennt auswendig mindestens einen Vorteil zu jedem POS-Verfahren im Hinblick auf die Beratung von Firmenkunden.

6. Ausbildungsmethode

Zur Vermittlung der Lernziele wird das Lehrgespräch angewendet. Diese Ausbildungsmethode ist besonders geeignet für das Erlernen von theoretischen Ausbildungsinhalten (Fachkenntnisse, Problemanalysen). Hier soll nämlich ein Erfahrungsaustausch stattfinden, der hier nur in Form eines Berichtes der Auszubildenden stattfinden kann. Diese Erlebnisse sollen entsprechend und themaorientiert verarbeitet und weiterentwickelt werden. Natürlich könnte die Auszubildende auch alle Informationen in entsprechenden Broschüren und im

hauseigenen Infopool nachlesen, aber gerade in einem Lehrgespräch, indem der Ausbilder und die Auszubildende sich zielgerichtet unterhalten, können diese Ausbildungsinhalte besser verstanden und auch behalten werden.
Im Beruf der Bankkauffrau ist es zudem sehr wichtig offen und auch kommunikationsfähig zu sein. Diese Schlüsselqualifikationen setzt ein gutes Lehrgespräch voraus und fördert diese zudem noch. Dadurch dass der Ausbilder die Fragen zielgerichtet stellt, muss die Auszubildende erkennen um was es in der entsprechenden Frage geht und kann dann problemorientiert antworten. Auch das ist ein sehr wichtiger Aspekt, der in Kundengesprächen, also im praktischen Alltag einer Bakkauffrau einfach vorausgesetzt wird und daher einen hohen Ausbildungswert hat.

7. Benennung der Ausbildungsmittel / Medien

-Flipchart zur Dokumentation der besprochenen Punkte
-Tafel für eventuelle Vsualisierungen
-eventuell ein Kartenlesegerät zur Veranschaulichung
-OHP mit Tabelle um Unterschiede herauszustellen

8. Ausbildungsort / Lernort

Die Ausbildungseinheit findet in einem Unterrichtsraum des Ausbildungsbetriebes statt. Dies ist sehr geeignet zum erfüllen der Lernziele, da man dort die entsprechenden Medien zur Verfügung hat.
Zudem ist es dort ruhig und man hat so die Möglichkeit sich gut zu unterhalten und sich zu konzentrieren.

9.Verlaufsplanung

Was?	Wie?	Warum?
1.Stufe		
Vorbereitung des Arbeitsplatzes	Arbeitsmittel und Medien bereitlegen.	Bereitstellung von geeigneten Arbeitsmitteln und gut organisierte Arbeitsbedingungen herstellen
Ausbilder begrüßt den Auszubildenden	Aussprache einer der Tageszeit angebrachen Begrüßung	Kontaktaufnahme mit dem Auszubildenden. Befangenheit nehmen und erste Motivation geben.

Ausbilder gibt Anlass, Thema und Lernziele bekannt	Bekanntgabe des Inhalts der Ausbildungseinheit: Unterscheidung zwischen den bargeldlosen Zahlungssystemen POS, POZ und ELV.Das Lernziel soll sein, dass der Auszubildende selbstständig die drei Verfahren unterscheiden kann und sie in Zusammenhang mit der Beratung im Firmenkundenbereich bringen kann.	Um in das Thema einzuführen werden zuerst die Ziele der Lerneinheit genannt und damit der Auszubildende sich einen globalen Eindruck von dem machen kann, was in den nächsten 20 Minuten passieren wird
Ausbilder nimmt Befangenheit und motiviert den Auszubildenden	Der Ausbilder erzählt ein wenig von seinen eigenen Erfahrungen im Privatleben mit bargeldlosem Zahlungsverkehr und von einigen interessanten Erfahrungen im Firmenkundenbereich, um die Aufmerksamkeit des Auszubildenden zu erwecken. Dann leitet der Ausbilder über in das eigentliche Thema und nimmt dem Auszubildenden die Befangenheit indem er klarstellt, dass die Unterscheidung der Methoden leicht zu behalten ist, wenn man etwas Interesse zeigt und mitdenkt, so wie es die Auszubildende in anderen Themen bereits gezeigt hat.	Der Auszubildende soll ohne Druck an das Thema herangeführt werden. Er soll mit Spaß an das Thema herangehen, ohne den ernsten Hintergrund (die eigentliche Beratung und Betreuung der Firmenkunden) zu vergessen. Dem Auszubildenden soll die Befangenheit genommen werden, sodass er selber anfängt zu erzählen.
Ausbilder knüpft an vorhandenes Wissen an	Der Ausbilder fragt, wie die eigenen Erfahrungen über dieses Thema bei der Auszubildenden sind und knüpft so auch gleichzeitig an eine vergangene Lehreinheit an, in der es um Kundenberatung im allgemeinen ging.	Abfrage des Kenntnisstandes von dem Auszubildenden, um sich ein erstes Bild zu machen. Somit wird die Grundlage für den neuen Lehrstoff geschaffen

2.Stufe

Ausbilder fordert zu Beiträgen auf, stellt Fragen, gibt Impulse	1. Welche unterschiedlichen bargeldlosen Zahlungssysteme sind bereits bekannt? 2. Welche Zahlungsgarantie beinhalten die einzelnen Systeme? 3. Wie wird diese Zahlungsgarantie gegeben? 4. Welche Authorisierungen finden statt? 5. Wie teuer sind die Verfahren? 6. Was sind die Haupteigenschaften der Produkte? 7. Was sind die wesentlichen Unterschiede? 8. Wie wirkt sich das auf die Beratung im Firmenkundenbereich aus? 9. Welchem Kunden wird was angeboten?	Die Fragen werden gestellt, um das Gespräch aufrecht zu erhalten. Immer wenn der Auszubildende nicht mehr weiter weiß wird eine helfende Zwischenfrage gestellt oder das Fachwissen wird vom Ausbilder ergänzt
Ausbilder wertet die Beiträge zielorientiert aus	Die einzelnen Beiträge werden vom Ausbilder kommentiert indem er die Aussagen bestätigt oder durch wiederholtes Nachfragen die richtige Aussage des Auszubildenden erhält. Dem Auszubildenden wird weitergeholfen, wenn seine Aussagen nicht oder nur zum Teil korrekt waren. Bei korrekten und auch bei vollständigen Aussagen wird er Auszubildende zwischendurch anerkennend gelobt, um die Motivation aufrecht zu erhalten	Da der Auszubildende sicher nicht auf alle Fragen vollständig und korrekt antworten kann, werden die Aussagen noch ausgewertet. Zum einen natürlich auf die Richtigkeit und auf die Vollständigkeit. Durch Nachfragen oder umformulieren der Ausgangsfragen wird versucht, dass der Auszubildende von alleine auf die richtigen Lösungen kommt.

Ausbilder ergänzt Wissenslücken	Die Aspekte, die der Auszubildende nicht weiß oder vergessen hat, werden vom Ausbilder ergänzt indem sie vorgetragen werden oder je nach Ermessen des Ausbilders durch modifizierte Fragen nachgeforscht werden.	Der Auszubildende ist in dieser Lehreinheit, um auch neue Dinge zu lernen, daher kann auch in einem Lehrgespräch nicht alles aus dem Gespräch heraus abgewickelt werden. Daher werden die Wissenslücken vom Ausbilder ergänzt auf die genannten Wege.
3.Stufe		
Ausbilder oder Auszubildender formulieren die Ergebnisse	Die Ergebnisse sollen entweder am OHP auf einer Folie oder auf einem Flipchart niedergeschrieben werden. Sie werden während des Gesprächs aufgeschrieben und danach ergänzt. So kann man die Ergebnisse, nämlich die wesentlichen Unterschiede der POS-Verfahren deutlich erkennen und voneinander abgrenzen. Die Ergebnisse werden wieder erfragt und der Ausbilder ergänzt und gibt Impulse, um die Ergebnisse vollständig und korrekt zu erhalten.	Die Visualisierung der Ergebnisse ist sehr wichtig, denn so kann man den Verlauf des Gespräches auch im Nachhinein nachvollziehen und der Auszubildende kann sich daran orientieren, wenn er einmal nicht weiter weiß. Der Ausbilder lässt erstmal den Auszubildenden reden und ergänzt dann nur noch, wenn nötig, damit der Auszubildende merkt, dass er etwas behalten, also etwas gelernt hat und hat so ein Erfolgserlebnis, was zusätzlich motiviert.
Ausbilder kontrolliert die Lernziele	Die Lernzielkontrolle ergibt sich aus dem vorigen Punkt indem die Ergebnisse formuliert werden, denn so wiederholt der Auszubildende die Inhalte und der Ausbilder kann anhand der formulierten Lernziele Fragen stellen, die bestätigen, dass das Lernziel erfüllt ist.	Auch hier spielt wieder die Motivation eine Rolle, denn der Auszubildende wird anhand dieser Lernzielkontrolle merken, was er dazugelernt hat und kann vielleicht schon damit umgehen. Der Ausbilder prüft sich sozusagen selbst, denn, wenn die Lernziele erfüllt sind, ist die Lehreinheit erfüllt.

Ausbilder erläutert Anwendungsmöglichkeiten	Der Ausbilder erläutert die Anwendungsmöglichkeiten im Firmenkundenbereich indem er berichtet, wie die Beratung im FK-Bereich abläuft und Zusammenhänge darstellt, der Auszubildende kann mitreden, denn er hat nun dieses Wissen und kann es anwenden .	Dies ist sehr wichtig, damit der Auszubildende in seinen Gedanken das "warum" zu dieser Lehreinheit beantwortet bekommt. Denn nun weiß er wofür diese Lehreinheit gut war und kann sie vielleicht schon anwenden.
Ausbilder beendet das Gespräch	Das Gespräch wird beendet indem ein paar abschließende Worte zu dem Thema fallen. Dann wird der Auszubildende noch kurz gefragt, wie ihm die Lehreinheit gefallen hat und wird dann verabschiedet.	Es ist sehr wichtig im Positiven aus einem Gespräch herauszugehen, denn der letzte Eindruck ist meist der bleibende und wenn der Auszubildende Spaß an der Sache hatte und er mit einer fröhlichen Miene den Unterrichtsraum verlässt, dann wird er die Inhalte dieser Lehreinheit auch nicht so schnell vergessen.

10. Lernzielkontrolle

Die Lernzielkontrolle erfolgt in der 3. Stufe des Lehrgesprächs. Bei der Lernzielkontrolle soll der Auszubildende noch mal selbstständig ohne die vorher bereitgestellten Medien wiederholen, welches die grundlegenden Unterschiede der drei Methoden des bargeldlosen Zahlungsverkehrs darstellen

11. Ausbildungszeit

Die Ausbildungszeit für die Ausbildungseinheit beträgt ca. 20 Minuten.

5 Mutterschutz, insbesondere die Berechnung der Schutzfristen (Unterweisung Industriekauffrau / -kaufmann)

UNTERWEISUNG ZUR EIGNUNGSPRÜFUNG

„AUSBILDUNG DER AUSBILDER"

Thema: *Mutterschutz – Insbesondere die Berechnung der Schutzfristen*

Ausbildungsberuf: *Industriekauffrau / Industriekaufmann*

Gliederung

I. Allgemeine Daten und Überlegungen

- Teilnehmende Personen: eine Ausbilderin und zwei Auszubildende

- Ausbildungsberuf: Industriekauffrau

- Ausbildungsdauer: 3 Jahre

- Ausbildungsjahr: 1. Ausbildungsjahr

- Alter der Auszubildenden: Nadine, 19 Jahre & Katrin 19 Jahre
- Vorbildung: Fachhochschulreife

- Thema: Mutterschutz - Insbesondere die Berechnung der Schutzfristen

- Vorhergehendes Thema: Mutterschutzgesetz

- Nachfolgendes Thema: Elternzeit

- Ausbildungsrahmenplan der Ausbildungsverordnung: Verordnung über die Berufsausbildung zum Industriekaufmann/frau Rahmenbedingungen, Personalplanung § 4 Abs. 1 Nr. 7.1a) betriebliche und tarifliche Regelungen sowie arbeits- und sozialrechtlicher Bestimmungen beachten

- Unterweisungsmethode: Fallmethode

- Unterweisungsmittel: Overheadprojektor & Folien Flipchart, Stift Arbeitsaufgabe, Kalender 2006 Bescheinigung über Schwangerschaft MuSchG (Überblick)

- Zeitpunkt der Unterweisung: 4. Mai 2006 ab 9:30 Uhr

3

- Zeitansatz: ca. 20 Minuten

- Unterweisungsort: Besprechungszimmer

II. Beschreibung der Ausgangssituation

Die Ausbildungssituation:

Beide Auszubildende befinden sich im ersten Ausbildungsjahr zur
Industriekauffrau. Nachdem sie sich in einigen Abteilungen mit den
betrieblichen Abläufen vertraut gemacht haben, sind sie nun seit zwei Wochen
in der Personalabteilung eingesetzt. Beide Auszubildende zeigen seit Beginn der
Ausbildung durchschnittliche Leistungen. Die Ausbilderin ist den beiden
Auszubildenden durch das Probezeitgespräch sowie aus vorherigen
Unterweisungen bekannt.

Angaben zu den Auszubildenden:

Beide Auszubildende durchlaufen während der Berufsausbildung verschiedene
Abteilungen des Unternehmens mit Firmensitz in Münster. Sie besuchen
ebenfalls in Münster eine kaufmännische Berufsschule. Sie haben nach Erwerb
der Fachhochschulreife ihre Berufsausbildung in unserem Hause begonnen.
Katrin und Nadine sind stets pünktlich und gewissenhaft. Sie sind zuverlässig
und arbeiten selbständig. Bei Nadine hat sich bei vorherigen Unterweisungen
besonders die starke Teamfähigkeit gezeigt.

Lernort:

Die Unterweisung findet im Besprechungszimmer statt, wo alle notwendigen
Arbeitsmittel zur Verfügung stehen. Die Unterweisung kann dort ungestört
durchgeführt werden. Für die nötigen Arbeitsmittel wurde im Vorfeld gesorgt.
Alle notwendigen Medien sind vor Ort.

Unterweisungszeitpunkt und Dauer:

Die Unterweisung findet am 4. Mai 2006 um 9.30 Uhr statt. Beide
Auszubildende befinden sich zu der Zeit in einem biologischen Leistungshoch.
Eine Dauer von ca. 20 Minuten ist für die Unterweisung vorgesehen.

III. Didaktische Überlegungen:

1. Auswahl des Themas

Das Thema wurde auf Grund des Ausbildungsrahmenplanes für die Berufsausbildung Industriekauffrau/mann gewählt. Rahmenbedingungen, Personalplanung § 4 Abs. 1 Nr. 7.1a) betriebliche und tarifliche Regelungen sowie arbeits- und sozialrechtlicher Bestimmungen beachten

2. Lernziele

a) Richtlernziel
- Laut § 3 Abs. 1 der Verordnung über die Berufsausbildung zum Industriekaufmann /-frau sollen die Fertigkeiten und Kenntnisse dem Auszubildenden funktions- und prozessbezogen vermittelt werden.

b) Groblernziel:
- Die Auszubildenden sind über die Schutzbestimmungen des Mutterschutzes informiert.

c) Feinlernziele:
- Die Auszubildenden kennen die Meldepflichten gegenüber der Aufsichtsbehörde und dem Betriebsrat
- Sie können die Schutzfristen vor und nach der Entbindung errechnen
- Sie haben einen Überblick über den Mutterschutzlohn

Kognitiver Bereich

Die Auszubildenden sollen die Bestimmungen des Mutterschutzes kennen.

Affektiver Bereich

Die Entscheidungs- und Problemlösungskompetenz soll durch selbständiges Bearbeiten von Fällen aus der Praxis gesteigert werden. Es wird außerdem großer Wert auf Kommunikations- und Kooperationsfähigkeit gelegt.

Schlüsselqualifikationen

Die Auszubildenden lösen den Arbeitsauftrag gemeinsam. Das gruppengerechte Verhalten soll gesteigert werden. Weitere soft skills sollen durch die selbständige Bearbeitung der Fallmethode gestärkt werden:

- Entscheidungsfähigkeit
- Problemlösungsfähigkeit
- Kommunikations- und Kooperationsfähigkeit

IV. Methodische Überlegungen

Auswahl der Methode

→ Fallmethode

Begründung

In der genannten Unterweisung sollen Kenntnisse und Fertigkeiten vermittelt werden, die im Betrieb Anwendung finden sollen. Aus diesem Grund wurde die Fallmethode ausgewählt.

Die Arbeitsaufgabe ist ein Beispiel aus der betrieblichen Praxis und wird zum Gegenstand der Unterweisung gemacht. Die Kommunikations- und Kooperationsfähigkeit wird das gemeinsame Erarbeiten einer Lösung gefördert. Durch aufkommende Diskussionen und Gespräche wird das Sozialverhalten positiv beeinflusst. Die Auszubildenden lernen durch das Bearbeiten von Fällen aus der Praxis, Probleme zu lösen und Entscheidungen zu treffen.

Medien und Hilfsmittel

- Overheadprojektor und Folien
- Flipchart, Stift
- Arbeitsaufgabe
- Kalender 2006
- Bescheinigung über Schwangerschaft
- MuSchuG (Überblick)

6

V. Durchführung der Unterweisung

1. Einleitung

Die Ausbilderin begrüßt beide Auszubildende und stellt das Thema der Unterweisung vor. Außerdem stellt die Ausbilderin den Bezug zur vorausgegangenen Unterweisung dar.

Die Ausbilderin erklärt, dass das Thema der heutigen Unterweisung zu ihrem Zuständigkeitsbereich in der Personalabteilung fällt. Sie bemerkt außerdem, dass es ihr Spaß macht, das Thema zu bearbeiten, da sie immer wieder mit der Freude der Mitarbeiterinnen konfrontiert wird. Das Interesse der Auszubildenden wird geweckt und die Motivation erhöht.

⇨ Die sechs Stufen der Fallmethode werden durchlaufen:

1. Stufe: Konfrontation
=> Die Auszubildenden werden mit der Arbeitsaufgabe konfrontiert.
Die Arbeitsaufgabe wird auf einer Projektorfolie dargestellt und von einer Auszubildenden laut vorgelesen.

Lernerfolgskontrolle:
Eine Auszubildende gibt die Aufgabenstellung in eigenen Worten wieder.

2. Stufe: Information
Die Informationen werden auf einer Folie am Overheadprojektor aufgelegt. Die Auszubildenden lesen die Informationen abwechselt Punkt für Punkt vor. Ebenfalls wird zur Veranschaulichung eine Bescheinigung über eine Schwangerschaft am Overheadprojektor aufgelegt.

3. Stufe: Exploration
Beide Auszubildenden prüfen, ob alle benötigten Informationen gegeben sind. An Hand der 2. Stufe (Information) ist die Arbeitsaufgabe selbständig zu lösen. Die Arbeitsaufgabe in Papierform, Ein Zettel, die Bescheinigung über die Schwangerschaft, ein Überblick über das Mutterschutzgesetz und der Kalender werden den Auszubildenden ausgehändigt.

4. Stufe: Resolution
Die Auszubildenden stellen die Lösung am Flipchart vor und erläutern diese.

5. Stufe: Disputation

Die Ausbilderin überprüft die Lösung und erörtert diese. Anschließend wird zusammen über die Lösung diskutiert. Die Auszubildenden haben die Möglichkeit, der Ausbilderin Fragen zu stellen.

6. Stufe: Kollation

In der letzten Stufe werden mögliche Fehler besprochen und korrigiert.

Lernerfolgskontrolle:
Um festzustellen, ob die Auszubildenden das Erlernte verstanden haben, lässt die Ausbilderin die Auszubildenden die Arbeitsschritte zur Berechnung der Mutterschutzfrist mündlich wiederholen. Der Unterweisungsinhalt wird dabei gefestigt.

VI. Abschluss/Nachbereitung der Unterweisung

Beide Auszubildende werden gebeten, das Thema „Mutterschutz – Insbesondere die Berechnung der Schutzfristen" in ihren Ausbildungsnachweisen festzuhalten. Die Ausbilderin stellt das Thema der nächsten Unterweisung vor und bedankt sich bei den Auszubildenden für die Aufmerksamkeit und die gute Mitarbeit.

Mutterschutz – Überblick (MuSchuG)

❖ Das Mutterschutzgesetz gilt für Frauen, die in einem Arbeitsverhältnis stehen (§ 1 Ziff. 1 Mutterschutzgesetz), schützt die Frauen vor und nach der Geburt vor Überforderungen

❖ **Verfahren:** Die Mitarbeiterin reicht die Bescheinigung über die Schwangerschaft in der Personalabteilung ein. Der Arbeitgeber muss unverzüglich das Amt für Arbeitsschutz über die Schwangerschaft informieren. Der Arbeitgeber ist grundsätzlich dazu verpflichtet, den Betriebsrat über die Schwangerschaft zu informieren.

❖ Schutzfrist: Die Mutterschutzfrist beträgt mindestens **14 Wochen (99 Tage Schutzfrist = 14 Wochen Schutzfrist + Geburtstag)**

❖ Beginn der Schutzfrist: Die Mutterschutzfrist beginnt **6 Wochen** vor dem voraussichtlichen Geburtstermin (Siehe Bescheinigung über die Schwangerschaft)

❖ Ende der Schutzfrist: Die Mutterschutzfrist endet **8 Wochen** nach dem voraussichtlichen Geburtstermin. (Bei Früh- oder Mehrlingsgeburt, **12 Wochen** nach dem voraussichtlichen Geburtstermin)

❖ Ist die Frau gesetzlich versichert, erhält sie von der Krankenkasse € 13,00,- pro Tag Mutterschaftsgeld. Vom Arbeitgeber erhält die Frau einen Differenzbetrag, zwischen dem Nettolohn und den € 13,00,- . Der Nettolohn wird dabei auf der Grundlage der Durchschnittswerte der letzten drei Monate vor Beginn der Schutzfrist berechnet.

Bescheinigung über Schwangerschaft

Name: Tina XY
Geb.: 19.01.1976
Straße: XY-Straße 111
Ort: 12345 XY Stadt

Voraussichtlicher Geburtstermin: 15. September 2006

Datum: 15. März 2006

Fallmethode => Arbeitsaufgabe

Die Mitarbeiterin Frau XY informiert die Personalabteilung darüber, dass sie schwanger ist. Sie sind in der Personalabteilung die zuständige Sachbearbeiterin für Mutterschutz und Elternzeit und nehmen die Bescheinigung über die Schwangerschaft in Empfang.

Bitte nehmen Sie die Bescheinigung über die Schwangerschaft zur Hand und beantworten folgende Fragen:

1. Wann beginnt die Mutterschutzfrist?

2. Wann endet die Mutterschutzfrist? Bei einer (normalen) Geburt

3. Sie erfahren, dass die oben genannte Mitarbeiterin eine Frühgeburt hatte. Diese wurde durch ein Attest vom Arzt bestätigt. Wann endet die Mutterschutzfrist in diesem Fall? Bitte geben Sie das Datum an!

4. Frau XY ist gesetzlich versichert. Wie viel Euro Mutterschaftsgeld erhält Frau XY täglich von der Krankenkasse?

5. Für welchen Zeitraum hat Frau XY im Falle einer Frühgeburt Anspruch auf Mutterschaftsgeld? (Bitte Anspruch für den Zeitraum vor und nach der Entbindung angeben!)

Lösungen

1. Beginn der Schutzfrist: 4. August 2006

2. Ende der Schutzfrist: 10. November 2006

3. Ende der Schutzfrist bei einer Frühgeburt: 8. Dezember 2006

4. Frau XY erhält täglich 13 € Mutterschaftsgeld von der Krankenkasse

5. Frau XY hat vor der Entbindung Anspruch auf 6 Wochen Mutterschaftsgeld und nach der Entbindung 12 Wochen

6 Ausfüllen einer Vermögens-Subventions-Analyse (Unterweisung Bankkaufmann / -kauffrau)

von Michael Günther

Hausarbeit

Im Rahmen der Ausbildung der Ausbilder (AdA)

- Praktische Prüfung -

Lehrunterweisung

Thema: Ausfüllen einer Vermögens-Subventions-Analyse

Anlagen:

Anlage 1:   Ablaufplan der Unterweisung

Anlage 2:   Auszug aus der Berufsausbildungsverordnung für Bankkaufleute

Gliederung:

1 Analyse der Ausgangssituation

1.1 Ausbildungsbetrieb

Der Auszubildende ist bei der Deutschen V. AG tätig.
Für die Geschäftsleitung der Repräsentanz xxxxxxxxx sind gut ausgebildete und motivierte Mitarbeiter die wichtigste Grundlage um Vermögens- Subventions- Analysen mit den sehr hohen Qualitätsanforderungen auszufüllen.

1.2 Ausbilder

Die Lehrunterweisung wird von mir, xxxxxxxxxxxx, durchgeführt.
Aufgrund meines guten meines zertifizierten Abschlusses als Vermögensberater-Assistent bei der Deutschen V. AG sowie meiner Ausbildereignung bin ich seit 2 Jahren in der Ausbildung der neuen Mitarbeiter tätig.
Als Ausbilder wende ich den kooperativen Führungsstil, also ein partnerschaftliches, verständnisvolles Verhältnis an. Diesen Führungsstil habe ich gewählt, da für mich eine vertrauens- und respektvolle Zusammenarbeit zwischen den Auszubildenden und ihrem Ausbilder eine wichtige Rolle spielt.

1.3 Auszubildender

Der Auszubildende, xxxxxxxxx, ist 21 Jahre alt und befindet sich im 2. Monat des 1. Ausbildungsjahres zum Bankkaufmann.
Es handelt sich hierbei um eine 3 jährige Ausbildung, wobei spezifische Inhalte in Kooperation mit der deutschen Bank vermittelt werden.
xxxxxxxxx schloss seine Schulausbildung sehr erfolgreich mit dem Abitur ab. Anschließend leistete er Zivildienst in einem Pflegeheim, wobei er seine Begabung im Umgang mit Menschen entdeckte.
Diese Begabung und der Wille Menschen zu helfen ihre Ziele zu erreichen sind 2 Wesenmerkmale seines Wunschberufes. Daher, und auf Grund seiner schnellen Auffassungsgabe und Lernfreude, eignet sich Hans Menzel bestens für den Beruf des Bankkaufmannes.

3

2 Lernziele und Lernbereiche

Thema

„Ausfüllen einer Vermögens- Subventions- Analyse"
(Datenerfassung als Vorbereitung der Kundenorientierten Kommunikation laut: § 3 NR. 2.1
Punkt b.) d.) und h.) Bankkaufleute Ausbildungsverordnung)

2.1 Richtlernziel

Der Auszubildende verfügt nach der Absolvierung der Ausbildung über alle Fertigkeiten und
Kenntnisse, welche zur sicheren und selbstständigen Ausübung des Berufs des
Bankkaufmannes notwendig sind.

2.2 Groblernziel

Der Auszubildende beherrscht die Arbeitsschritte Kundenvertragsdaten aufzunehmen und in
die Vermögens- Subventions- Analyse zu übertragen.

2.3 Feinlernziel

Der Auszubildende ist in der Lage sicher, sorgfältig und selbstständig Vertragdaten aus einer
Police beim Kunden in die Vermögens- Subventions- Analyse zu übertragen.
Des Weiteren soll die Aufgabe dem Ziel des selbstständigen Planens, Durchführens und
Kontrollierens dienen.

2.4 kognitiver Lernbereich (Wissen)

Der Auszubildende kennt das benötigte Formular und hat das nötige Fachwissen um relevante
Daten aus der Police des Kunden zu erkennen. Er kann die Bedeutung dieser Daten sowie die
Notwendigkeit deren Schutzes nachvollziehen und begründen.

2.5 affektiver Lernbereich (Verhaltensweisen)

Bei dem Auszubilden soll das Interesse und die Motivation für eine ordnungsgemäße und
qualitätsgerechte Ausführung seiner Arbeit geweckt werden. Denn dies ist in besonderem
Maße wichtig für die weiteren Arbeitsschritte des Vermögensberaters, der Auswertung der
Vermögens- Subventions- Analyse und Beratung des Kunden, sowie die Einhaltung der
Datenschutzrichtlinien.

2.6 psychomotorischer Lernbereich (Fertigkeiten)

Der psychomotorische Bereich beschränkt sich auf das maschinengerecht leserliche Ausfüllen
der Formulare.

4

3 Planung und Durchführung

3.1 Ausbildungsort

Ausbildungsort ist ein Schulungsraum in der Repräsentanz xxxxxxxxxxx der Deutschen V..

3.2 Ausbildungszeitraum

Als Zeitraum für die Lehrunterweisung haben wir uns für den Vormittag entschieden, da zwischen 9 und 12 Uhr ein Höchstmaß an Leistungsfähigkeit besteht.

3.3 Benötigte Arbeits- und Ausbildungsmittel

Für die Unterweisung werden folgende Arbeits- und Ausbildungsmittel benötigt:

- Musterverträge von Bestandskunden
- Formular „Vermögens- Subventions- Analyse"
- Kugelschreiber mit schwarzer Miene
- Vertrauensmann- Ausweis der DVAG

3.4 Ausbildungsmethode

Die Unterweisung wird nach der 4-Stufen Methode der Arbeitsunterweisungen durchgeführt. Diese Methode gehört zu den darbietenden Ausbildungsmethoden. Und Fehler bei der risikobehafteten Tätigkeit zu vermeiden wird diese Methode angewandt, da das Resultat dieser Lehrunterweisung die Basis für die weitere Arbeit in der Praxis bildet. Denn mittels dieser Methode ist ein sofortiges Prüfen der Arbeitsergebnisse möglich.

3.5 Unterweisungen

In den vorausgegangenen Unterweisungen wurden bereits Gesprächsführung sowie die Firmenvorstellung besprochen und geübt.
In weiteren Unterweisungen werden die Auswertung der Analyse mittels DVAG PC-System und die Beratung des Kunden besprochen und durchgeführt.

4 Durchführung der Unterweisung

Ausbildungsmethode: 4-Stufen Methode

Vor Beginn bereite ich den Arbeitsplatz für die Unterweisung vor. Ich achte auf Vollständigkeit der Arbeitsmaterialien.

4.1 Stufe 1 - Vorbereitung

Ich begrüße den Auszubildenden auf eine nette, freundschaftliche Art und versuche so, eventuelle Ängste oder Hemmungen zu nehmen.
Da der Auszubildende sehr lernfähig ist, ist die Motivation recht einfach.
Im Anschluss erkläre ich ihm kurz das Lernziel, aber auch die Bedeutung für weitere Ausbildungsinhalte. Durch kurze Zielgerichtete Fragen aktiviere ich bereits vorangegangenes Wissen. Somit kann ich auch gleichzeitig den Kenntnisstand überprüfen.
Da die Arbeitsmittel noch nicht in vorangegangenen Unterweisungen erklärt wurden, erkläre ich deren Funktion.
Die Vermögens- Subventions- Analyse dient der Erfassung der beim potentiellen Kunden vorhandenen Verträge zur späteren Auswertung. Sie bildet damit die Grundlage für die eigentliche Arbeit des Vermögensberaters und ist dem entsprechend gewissenhaft auszufüllen. Das Formular liegt immer in ausreichender Anzahl im Büro aus. Ein Kugelschreiber mit schwarzer Miene ist von Vorteil, da später bei Vetragsaufnahme schwarz vorgeschrieben ist. Der Vertrauensmann- Ausweis bildet die Legitimation als Mitarbeiter der Deutschen V. AG und ist dem Kunden auf verlangen vorzuzeigen.

4.2 Stufe 2 - Vormachen und Erklären

In der zweiten Stufe gliedere ich die einzelnen Arbeitsschritte, welche ich dem Auszubildenden vormache und erläutere. Der Auszubildende beobachtet mich während der Ausführung und kann jederzeit Fragen stellen um Unklarheiten oder Hintergründe zu erfahren.

Ablauf siehe Anlage 1

4.3 Stufe 3 - Nachmachen

Der Auszubildende hat jetzt die Aufgabe, die von mir in Stufe 2 ausgeführte Tätigkeit nachzumachen. Dabei soll er mir jeden Arbeitsschritt erklären. Somit erkenne ich, dass der Auszubildende die einzelnen Arbeitsschritte richtig verstanden hat und diese auch wiedergeben kann.
Ich, als Ausbilder beobachte jeden der Arbeitsschritte des Auszubildenden. Nur bei groben Fehlern in der Ausführung greife ich Unterstützend ein.
Es findet auch eine kurze Auswertung statt, wobei der Auszubildenden gelobt werden sollte.
Bei Fehlern werde ich ihn kurz darauf ansprechen, so dass er sie möglichst selbst erkennt und korrigiert. Außerdem werde ich ihm, falls erforderlich weitere Hinweise geben.

4.4 Stufe 4 - Üben und Festigen

Der Auszubildende übt jetzt selbstständig die Arbeitsschritte.
Ich bleibe als Ansprechpartner in der Nähe und kontrolliere seine Arbeit gegebenenfalls.

4.5 Beendigung der Unterweisung

Am Ende der Unterweisung motiviere ich den Auszubildenden für nachfolgende
Unterweisungen und gebe ihm einen Überblick, was in der nächsten Unterweisung auf ihn
zukommt. Außerdem achte ich darauf, dass er den Arbeitsplatz aufgeräumt verlässt.

4.6 Berichtsheft

Der Azubi hat laut § 6 der Bankkaufleute Ausbildungsverordnung ein Berichtsheft zu führen.
Im Anschluss weiße ich den Auszubildenden an, die Unterweisung in sein Berichtsheft
einzuschreiben und am Ende der Woche dem Ausbilder vorzulegen.

5 eidesstattliche Erklärung

Hiermit erkläre ich, xxxxxxxxxxxxx, dass ich den vorliegenden Unterweisungsentwurf
selbstständig formuliert und geschrieben habe.

xxxxxxxxxxxxx

Lernschritt (Was?)	Kernpunkt (Wie?)	Begründung (Warum?)
Eintragen der Kundendaten	Name, Adresse und Kontaktdaten in die dafür vorgesehenen Felder eintragen	Um den potentiellen Kunden eine Akte anlegen zu können und ihn schnell erreichen zu können
Auswertung der vorliegenden Verträge	Nach Versicherungssparte, Guthaben und Verbindlichkeiten Ordnen	Um die Verträge zügig mit ihren wichtigsten Daten erfassen zu können
Heraussuchen der wichtigsten Kennzahlen der einzelnen Verträge	Erlerntes Grundlagenwissen wird angewendet um relevante Daten zu erkennen	Um die Informationsmenge auf das Wesentliche zu reduzieren was zu Vergleichsrechnung erforderlich ist
Eintragen der wichtigsten Kennzahlen	vom Kundenvertrag Abschreiben	um die Grundlage eines Vergleiches zu Schaffen
Eintragen der zugehörigen Vertragsnummern und Gesellschaften	vom Kundenvertrag Abschreiben	Um eine Kündigung auf Kundenwunsch schneller durchführen zu Können
Eingetragene Daten auf Vollständigkeit und Richtigkeit überprüfen	Kontrolle auf den Kundenverträgen	Um Nachfragen beim Kunden zu Vermeiden
Datenschutzbelehrung des Kunden	„Die eben von mir Aufgenommenen Daten werden nicht an dritte weitergegeben und nur zum Zwecke der Erstellung einer Vermögensplanung verwendet."	Um den Datenschutzrichtlinien gerecht zu werden und dem Kunden ein Gefühl der Sicherheit zu Geben
Unterschrift vom Kunden einholen	höfliches Bitten die aufgenommene Vermögens-Subventions- Analyse zu Unterschreiben	Einverständnis zur Nutzung der Kundendaten für die Erstellung einer Vermögens-planung einholen

Lfd. Nr.	Teil des Ausbildungsberufsbildes	Zu vermittelnde Fertigkeiten und Kenntnisse
1	2	3
1.4	Sicherheit und Gesundheits-schutz bei der Arbeit (§ 3 Nr. 1.4)	a) Gefährdung von Sicherheit und Gesundheit am Arbeitsplatz fest-stellen und Maßnahmen zu ihrer Vermeidung ergreifen b) berufsbezogene Arbeitsschutz- und Unfallverhütungsvorschrif-ten anwenden c) Verhaltensweisen bei Unfällen beschreiben sowie erste Maßnah-men einleiten d) Vorschriften des vorbeugenden Brandschutzes anwenden; Ver-haltensweisen bei Bränden beschreiben und Maßnahmen zur Brandbekämpfung ergreifen
1.5	Umweltschutz (§ 3 Nr. 1.5)	Zur Vermeidung betriebsbedingter Umweltbelastungen im berufli-chen Einwirkungsbereich beitragen, insbesondere a) mögliche Umweltbelastungen durch das ausbildende Unterneh-men und seinen Beitrag zum Umweltschutz an Beispielen erklären b) für das ausbildende Unternehmen geltende Regelungen des Umweltschutzes anwenden c) Möglichkeiten der wirtschaftlichen und umweltschonenden Energie- und Materialverwendung nutzen d) Abfälle vermeiden; Stoffe und Materialien einer umweltschonen-den Entsorgung zuführen
2.	Markt- und Kundenorientierung (§ 3 Nr. 2)	
2.1	Kundenorientierte Kommuni-kation (§ 3 Nr. 2.1)	a) Bedeutung qualitätsbewußten Handelns darstellen und zur Qua-litätssicherung beitragen b) Kontakte zu Kunden und Interessenten systematisch vorbereiten c) Grundregeln für kundenorientiertes Verhalten im Gespräch und in der Korrespondenz anwenden d) Beratungs- und Verkaufsgespräche mit Kunden planen, durch-führen und nachbereiten e) Kunden über Nutzen und Konditionen von Bankleistungen infor-mieren f) Erwartungen von Kunden bei der Beratung und Betreuung berücksichtigen und entsprechende Bankleistungen des ausbil-denden Unternehmens anbieten g) Anfragen von Kunden beantworten und Aufträge bearbeiten h) Bankleistungen bedarfsorientiert verkaufen und Möglichkeiten des cross-selling nutzen i) Kundenreklamationen entgegennehmen und Lösungen anbieten
2.2	Marketing (§ 3 Nr. 2.2)	a) Wechselwirkungen zwischen Kundenbedürfnissen und ge-schäftspolitischen Zielsetzungen erläutern b) Marktsegmentierung am Beispiel des ausbildenden Unterneh-mens beschreiben c) Ziele von Werbung und Verkaufsförderung des ausbildenden Unternehmens an Beispielen erläutern d) bei Marketingmaßnahmen mitwirken e) Nutzen von Vertriebswegen für Kunden und das ausbildende Unternehmen darstellen f) Produkte des ausbildenden Unternehmens mit denen von Mit-bewerbern an Beispielen vergleichen
2.3	Verbraucher- und Datenschutz (§ 3 Nr. 2.3)	a) rechtliche Vorschriften zum Schutz der Kunden anwenden b) Kunden über mögliche Risiken bei der Nutzung von Bankleistun-gen informieren c) Regeln zum Datenschutz für das ausbildende Unternehmen und seine Mitarbeiter anwenden

Verordnung
über die Berufsausbildung zum Bankkaufmann/zur Bankkauffrau*)

Vom 30. Dezember 1997

Auf Grund des § 25 des Berufsbildungsgesetzes vom 14. August 1969 (BGBl. I S. 1112), der zuletzt gemäß Artikel 35 der Sechsten Zuständigkeitsanpassungs-Verordnung vom 21. September 1997 (BGBl. I S. 2390) geändert worden ist, verordnet das Bundesministerium für Wirtschaft im Einvernehmen mit dem Bundesministerium für Bildung, Wissenschaft, Forschung und Technologie:

§ 1
Staatliche Anerkennung des Ausbildungsberufes

Der Ausbildungsberuf Bankkaufmann/Bankkauffrau wird staatlich anerkannt.

§ 2
Ausbildungsdauer

Die Ausbildung dauert drei Jahre.

§ 3
Ausbildungsberufsbild

Gegenstand der Berufsausbildung sind mindestens die folgenden Fertigkeiten und Kenntnisse:

1. das ausbildende Unternehmen:

1.1 Stellung, Rechtsform und Organisation,

1.2 Personalwesen und Berufsbildung,

1.3 Informations- und Kommunikationssysteme,

1.4 Sicherheit und Gesundheitsschutz bei der Arbeit,

1.5 Umweltschutz;

2. Markt- und Kundenorientierung:

2.1 kundenorientierte Kommunikation,

2.2 Marketing,

2.3 Verbraucher- und Datenschutz;

3. Kontoführung und Zahlungsverkehr:

3.1 Kontoführung,

3.2 nationaler Zahlungsverkehr,

3.3 internationaler Zahlungsverkehr;

4. Geld- und Vermögensanlage:

4.1 Anlage auf Konten,

4.2 Anlage in Wertpapieren,

4.3 Anlage in anderen Finanzprodukten;

5. Kreditgeschäft:

5.1 standardisierte Privatkredite,

5.2 Baufinanzierung,

5.3 Firmenkredite;

6. Rechnungswesen und Steuerung:

6.1 Rechnungswesen,

6.2 Steuerung.

§ 4
Ausbildungsrahmenplan

(1) Die Fertigkeiten und Kenntnisse nach § 3 sollen nach den in den Anlagen I und II enthaltenen Anleitungen zur sachlichen und zeitlichen Gliederung der Berufsausbildung (Ausbildungsrahmenplan) vermittelt werden. Eine von dem Ausbildungsrahmenplan abweichende sachliche und zeitliche Gliederung des Ausbildungsinhaltes ist insbesondere zulässig, soweit eine berufsfeldbezogene Grundbildung vorausgegangen ist oder betriebspraktische Besonderheiten die Abweichung erfordern.

(2) Die in dieser Verordnung genannten Fertigkeiten und Kenntnisse sollen so vermittelt werden, daß der Auszubildende zur Ausübung einer qualifizierten beruflichen Tätigkeit im Sinne des § 1 Abs. 2 des Berufsbildungsgesetzes befähigt wird, die insbesondere selbständiges Planen, Durchführen und Kontrollieren einschließt. Diese Befähigung ist auch in den Prüfungen nach den §§ 7 und 8 nachzuweisen.

§ 5
Ausbildungsplan

Der Ausbildende hat unter Zugrundelegung des Ausbildungsrahmenplanes für den Auszubildenden einen Ausbildungsplan zu erstellen.

§ 6
Berichtsheft

Der Auszubildende hat ein Berichtsheft in Form eines Ausbildungsnachweises zu führen. Ihm ist Gelegenheit zu geben, das Berichtsheft während der Ausbildungszeit zu führen. Der Ausbildende hat das Berichtsheft regelmäßig durchzusehen.

§ 7
Zwischenprüfung

(1) Zur Ermittlung des Ausbildungsstandes ist eine Zwischenprüfung durchzuführen. Sie soll in der Mitte des zweiten Ausbildungsjahres stattfinden.

(2) Die Zwischenprüfung erstreckt sich auf die in den Anlagen I und II für das erste Ausbildungsjahr aufgeführten Fertigkeiten und Kenntnisse sowie auf den im Berufsschulunterricht entsprechend dem Rahmenlehrplan zu vermittelnden Lehrstoff, soweit er für die Berufsausbildung wesentlich ist.

---

*) Diese Rechtsverordnung ist eine Ausbildungsordnung im Sinne des § 25 des Berufsbildungsgesetzes. Die Ausbildungsordnung und der damit abgestimmte, von der Ständigen Konferenz der Kultusminister der Länder in der Bundesrepublik Deutschland beschlossene Rahmenlehrplan für die Berufsschule werden demnächst als Beilage zum Bundesanzeiger veröffentlicht.

7 Ausfüllen eines Überweisungsträgers (Unterweisung Bankkaufmann / -kauffrau)

von Birgit Naumann

Unterweisungsentwurf zur
Ausbildereignungsprüfung

<u>Thema der Unterweisung:</u>

Ausfüllen eines Überweisungsträgers anhand einer Rechnung

Inhaltsverzeichnis:

1. Einführung:

1.1   Thema der Unterweisung

Das Ausfüllen eines Überweisungsträgers anhand einer Rechnung.

Für die Unterweisung sind ca. 20 Minuten geplant. Um eine hohe Konzentration von dem Auszubildenden erwarten zu können, findet die Unterweisung morgens, zwischen 09:00 und 09:20 Uhr, statt. In dieser Zeit ist die Aufnahmefähigkeit am größten.

1.2   Lernziele

Richtlernziel:
Der Auszubildende soll am Ende der Ausbildung über alle Fähigkeiten und Kenntnisse verfügen, die notwendig sind, um den Beruf der Bankkauffrau / des Bankkaufmanns selbständig und sicher ausüben zu können.

Groblernziel:
Groblernziel ist die Vermittlung von Fertigkeiten und Kenntnissen im Servicebereich und somit auch der bargeldlose Zahlungsverkehr z.B. in Form der Überweisung.

Feinlernziel:
Der Auszubildende soll nach der Unterweisung in der Lage sein, selbständig Überweisungsträger anhand vorliegender Rechnungen auszufüllen. Dabei muss er die Anordnung der einzelnen Felder auf dem Überweisungsträger verstanden haben und muss wissen, wo welche Angaben einzutragen sind.

1.3   Bezug zur Ausbildungsordnung

Einordnung des Themas im Rahmenlehrplan: Gemäß dem Ausbildungsrahmenplan für die Berufsausbildung zum Bankkaufmann / zur Bankkauffrau, lfd. Nr. 3.2, nationaler Zahlungsverkehr, insbesondere c) die Bearbeitung von Zahlungsverkehrsaufträgen an Beispielen erläutern.

2.   Operationalisierung

2.1   Kognitiver Bereich

Nach der Unterweisung soll der Auszubildende das fachgerechte Ausfüllen einer Überweisung anhand einer Rechnung beherrschen. Er muss wissen, wie die einzelnen Felder ausgefüllt werden und wo er die dafür benötigten Informationen aus der Rechnung herauslesen kann.

2.1.1 Operationalisierung

Der Auszubildende nennt nach der Unterweisung auf Befragen selbstständig mindestens drei Unterweisungsmittel, die zum Ausfüllen einer Überweisung notwendig sind.

2.2   Affektiver Bereich

Der Auszubildende sollte in der Lage sein, selbstständig und verantwortungsbewusst zu arbeiten. Durch die Vorbereitung auf die eigenverantwortliche Übernahme dieser Aufgabe soll der Auszubildende zusätzlich motiviert werden. Er ist stets darauf bedacht das Bankgeheimnis einzuhalten.

2.2.1 Operationalisierung

Dem Auszubildenden ist bewusst, dass er beim Ausfüllen einer Überweisung die jeweiligen Bestimmungen einbehält und ordentlich und genau arbeitet.

2.3   Psychomotorischer Bereich

Der Auszubildende muss während des Kundenkontaktes stets auf seine Haltung und auf sein Verhalten gegenüber dem Kunden achten. Er muss sich bewusst sein, dass dies auf den Eindruck des Kunden einen sehr großen Einfluss hat. Außerdem sollten die Überweisungen in angemessener Geschwindigkeit ausgefüllt werden.

- ### Operationalisierung

Der Auszubildende kann nach der Unterweisung, ohne fremde Hilfe, eine Überweisung selbstständig und ohne Beanstandungen ausfüllen.

3. Ausgangssituation

3.1 Betriebliche Ausgangssituation

Der/die Auszubildende hat nach dem Schulabschluss eine Ausbildung zum/zur Bankkaufmann/-frau begonnen. Alter und Schulabschluss des/der Auszubildenden ist noch nicht bekannt. Er/sie befindet sich im 1. Ausbildungsjahr, im 1. Monat.

3.2 Persönliche Ausgangssituation

Von dem/der Auszubildenden sind weder Geschlecht noch Alter bekannt. Die Vorkenntnisse werden in einem einführenden Gespräch erfragt.

4. Schlüsselqualifikationen

Dem/der Auszubildenden soll neben den fachlichen Fertigkeiten auch übergeordnete Fähigkeiten bzw. Qualifikationen vermittelt werden. Die Individualkompetenz ist Vorraussetzung zur Entwicklung der Sozial-, Methoden- und Fachkompetenz.

4.1 Fachkompetenz

Die übermittelten fachlichen Kenntnisse, Fertigkeiten und Erfahrungen sollte der/die Auszubildende auch in anderen Abteilungen des Ausbildungsbetriebs anwenden können.

4.2 Methodenkompetenz

Durch das Nachmachen, Üben und Kommentieren der einzelnen Arbeitsschritte soll der/die Auszubildende zur Selbständigkeit hinsichtlich der Arbeitsausführung angewiesen werden.

4.3 Sozialkompetenz

Durch das Gespräch mit dem Ausbilder soll die Kommunikationsfähigkeit des/der Auszubildenden verbessert werden.

4.4 Individualkompetenz

Der Auszubildende soll bei dieser Tätigkeit die Wichtigkeit dieser Arbeit erkennen und Verantwortung für sein Handeln entwickeln.

5. Unterweisungsmittel

- Überweisungsträger

- Rechnungen

- Kugelschreiber

- Textmarker

6. Unterweisung nach der Vier-Stufen-Methode

Die Unterweisung des Auszubildenden erfolgt nach der Vier-Stufen-Methode (vorbereiten
– erklären (Thema) / vormachen – erklären (Arbeitsablauf) / nachmachen - üben), weil sie
die einfachste Form der praktischen Unterweisung des Auszubildenden am Arbeitsplatz
darstellt. Sie ist hauptsächlich Ausbilderzentriert; das bedeutet, dass der Ausbilder die
auszuführende Tätigkeit vormacht und der Auszubildende diese Tätigkeit nachmacht.
Während der Unterweisung soll der Auszubildende fachübergreifende Qualifikationen
entwickeln.

6.1 Vorbereiten und Erklären

Lernschritt	Unterweisungstechnik
Kennen lernen / lockeres Gespräch	Der Ausbilder stellt sich vor, fragt den Auszubildenden nach seinem Namen, Hobbys, Interessen, usw.
Thema und Lernziel nennen	Der Ausbilder nennt das Thema und erklärt in groben Zügen die Vorgangsweise beim Ausfüllen einer Überweisung anhand einer Rechnung.
Vorkenntnisse feststellen	Fragen und Antworten des Ausbilders und Auszubildenden.
Motivation des Auszubildenden	Der Ausbilder erklärt dem Auszubildenden dass diese Arbeit auch für sein späteres Berufsleben von Wichtigkeit ist, da er im Kundenservice täglich Überweisungen von Kunden ausfüllen muss. Zudem kann er auch privat davon profitieren, da er für die Bezahlung seine privaten Rechnungen auch einen Überweisungsträger ausfüllen muss.

6.2 Vormachen und Erklären

In maßgerechten Teilschritten stellt der Ausbilder das neue Thema an einem praktischen Beispiel vor.

Er erklärt, zeigt und erläutert was getan wird, wie es getan wird und warum es so gemacht werden muss.

Durch Zwischenfragen stellt der Ausbilder fest, ob der Auszubildende auf das Thema eingeht und ob die Größe der Lernschritte angemessen ist.

Die richtige Größe der Lernschritte ist für den Erfolg sehr entscheidend. Sind sie zu groß, wird der Auszubildende überfordert, sind sie zu klein, langweilt er sich.

Teilvorgang – was?	Arbeitsweise – wie?	Begründung – warum so?
1.Teilschritt Vermitteln von Grundwissen	Der/dem Azubi wird durch die vortragende Unterweisungsform und Lehrgespräch folgender Inhalt vermittelt bzw. erarbeitet: • Eine Überweisung dient dem Transfer von Geld im bargeldlosen Zahlungsverkehr • Besonders geeignet für Einmalzahlungen • Kontoinhaber beauftragt mit dem Überweisungsträger seine Bank einen best. Betrag auf das Konto eines anderen zu überweisen.	Damit die/der Azubi Basiswissen über die Überweisung erhält.

1. Teilschrittkontrolle

Frage:	Wozu dient eine Überweisung?
Mögliche Antwort:	Eine Überweisung dient dem Transfer von Geld im bargeldlosen Zahlungsverkehr.
Frage:	Für welche Art von Zahlungen ist die Überweisung besonders geeignet?
Mögliche Antwort:	Für Einmalzahlungen.
Frage:	Durch was beauftragt der Kontoinhaber seine Bank, einen bestimmten Betrag zu überweisen?
Mögliche Antwort:	Durch einen Überweisungsträger.

2. Teilschritt

Vorstellen und Erklären
der Arbeitsmittel

a) Überweisungsträger	**a)** Sie bestehen aus einem bundeseinheitlich normierten Formular auf Papier im Format DIN A6 und können per Hand oder Maschine ausgefüllt werden.	**a)** Er dient der Bank und dem Kunden als Vorlage.
b) Rechnung	**b)** Eine Rechnung ist ein Dokument, das eine detaillierte Aufstellung über eine Geldforderung für eine Warenlieferung oder eine sonstige Leistung enthält. Sie enthält Angaben über die Leistung, die Zahlung (Zahlungsbedingungen, Bankverbindung) und den Aussteller	**b)** Aus der Rechnung können alle für die Überweisung notwendigen Daten herausgelesen werden.
c) Kugelschreiber	**c)** Mit dem Kugelschreiber können die erforderlichen Daten auf den Überweisungsträger geschrieben werden.	**c)** Damit das Geschriebene nicht verwischt, nicht ausradiert oder gekillert werden kann. Auf dem Durchschlag müssen alle Informationen gut lesbar sein.
d) Textmarker	**d)** Mit dem Textmarker kann man Informationen in der Rechnung farbig hervorheben.	**d)** Damit man die erforderlichen Daten markieren kann und sie in einem weiteren Schritt zügig auf den Überweisungsträger schreiben kann.

2. Teilschrittkontrolle

Frage:	Welche Arbeitsmittel werden benötigt um eine Überweisung anhand einer Rechnung ausfüllen zu können?
Mögliche Antwort:	Ein Überweisungsträger, eine Rechnung, ein Kuli und ein Textmarker.
Frage:	Warum muss ein Kugelschreiber benutzt werden?
Mögliche Antwort:	Damit das Geschriebene nicht verwischt, ausradiert oder gekillert werden kann. Außerdem muss der Durchschlag leserlich sein.

8

3. Teilschritt

begleitendes Wissen	Erklärung	Begründung
UVV beim Umgang mit		
a) Überweisungsträger	a) Vorsicht im Umgang mit dem Überweisungsträgers	a) Es können schnell Schnittverletzungen entstehen
b) Rechnung	b) Vorsicht im Umgang mit der Rechnung	b) Es können schnell Schnittverletzungen entstehen
c) Kugelschreiber	c) Den Stift immer vom Körper weg halten und nicht spielerisch damit umgehen	c) Der Stift kann in das Auge gelangen und zu schweren Verletzungen führen
Hygienevorschriften beim Umgang mit		
a) Überweisungsträger	a) beim Ausfüllen des Überweisungsträgers nicht essen oder trinken.	a) Es können Flecken entstehen
b) Rechnung	b) Im Umgang mit der Rechnung nicht essen oder trinken.	b) Es können Flecken entstehen.
Umweltschutzvorschriften beim Umgang mit		
a) Überweisungsträger	a) Bei einem Schreibfehler nicht gleich in den Müll werfen, sondern durchstreichen.	a) Es kann unnötiger Müll vermieden bzw. Kosten gespart werden.
Datenschutzvorschriften beim Umgang mit		
a) ausgefüllter Überweisung	a) das Bankgeheimnis muss gewahrt bleiben.	a) Die Kundendaten müssen vertraulich behandelt werden. Verschwiegenheitspflicht!

3. Teilschrittkontrolle

Frage:
Mögliche Antwort:

Was ist im Umgang mit dem Kugelschreiber zu beachten?
Er sollte immer weg vom Körper gehalten werden und es soll nicht spielerisch damit umgegangen werden. Es könnten sonst Verletzungen am Auge entstehen.

Frage:

Welche Hygienevorschriften sind im Umgang mit der Rechnung zu beachten?

Mögliche Antwort:

Da sie Kundeneigentum ist muss sorgfältig damit umgegangen werden. In der Nähe der Rechnung nicht essen oder trinken.

Frage:
Mögliche Antwort:

Was muss im Umgang mit Kundendaten beachtet werden?
Dass das Bankgeheimnis eingehalten wird.

4. Teilschritt Arbeitsablauf		
Ausfüllen eines Überweisungsträgers anhand einer Rechnung		
a) Aus der Rechnung sollen alle erforderlichen Daten herausgelesen und markiert werden.	**a)** Folgende Daten sollen markiert werden: Begünstigter, Konto-Nr., Bankleitzahl, Kreditinstitut, Betrag, Verwendungszweck.	**a)** Damit sie danach schneller auf den Überweisungsträger übertragen werden können.
b) Die markierten Informationen deutlich auf den Überweisungsträger übertragen.	**b)** Die Daten mit dem Kuli in die vorgesehenen Felder der Überweisung übertragen.	**b)** Damit die Daten nicht verwischt, ausradiert, gekillert oder geändert werden können und maschinell eingelesen werden können.
c) Den Namen des Kontoinhabers und dessen Kontonummer und das heutige Datum deutlich auf den Überweisungsträger schreiben.	**c)** Die Daten mit dem Kuli in die vorgesehenen Felder der Überweisung übertragen.	**c)** Damit die Daten nicht verwischt, ausradiert, gekillert oder geändert werden können und maschinell eingelesen werden können.
d) Den Kontoinhaber bzw. Bevollmächtigten die Überweisung unterschreiben lassen.	**d)** Dem Kunden die Überweisung vorlegen und ihn freundlich bitten zu unterschreiben.	**d)** ohne Unterschrift des Kontoinhabers oder dessen Bevollmächtigten ist die Überweisung nicht gültig.
e) Den Durchschlag von der Überweisung ablösen und zusammen mit der Rechnung dem Kunden geben.	**e)** Die 2 perforierten Rändern rechts und links abtrennen. Dann dem Kunden den Durchschlag mit der Rechnung überreichen.	**e)** Damit der Kunden eine Ausfertigung für seine Unterlagen hat. Damit kann er überprüfen welche Rechnungen bereits bezahlt sind.

4. Teilschrittkontrolle

Frage:	Welche Daten müssen aus der Rechnung herausgelesen werden?
Mögliche Antwort:	Begünstigter, Konto-Nr., Bankleitzahl, Kreditinstitut, Betrag und Verwendungszweck.
Frage:	Wer muss die Überweisung unterschreiben?
Mögliche Antwort:	Kontoinhaber oder Bevollmächtigter.
Frage:	Was passiert mit der Rechnung und dem Durchschlag?
Mögliche Antwort:	Sie werden dem Kunden überreicht.

6.3   Nachmachen

Der Auszubildende soll das Erlernte selbst machen. Dabei erläutert er die einzelnen Arbeitsschritte die er verrichtet. Er erklärt, was er tut, wie und warum er dies tut und wiederholt die wichtigsten Punkte.

Der Ausbilder bleibt dabei, beobachtet, hilft und ermutigt den Auszubildenden. Auf diese

Weise kann er dann sofort erkennen, ob er die vorgegebene Tätigkeit einfach nachmacht, oder ob er es wirklich verinnerlicht und verstanden hat.

6.4   Üben

Nachdem die eigentliche Unterweisung abgeschlossen ist, beginnt das Üben. Hier soll der Auszubildende an einem neuen Beispiel das Gelernte üben. Das Können soll weiter ausgebaut und verbessert werden.

Der Ausbilder muss sich aber nach wie vor um den Auszubildenden und um dessen Tätigkeit kümmern. Er hat eine helfende, beratende und erzieherische Funktion. Wenn das Üben gelingt, ist ein anerkennendes Wort angebracht. Durch ein Lob wird der Auszubildende zusätzlich motiviert. Bei Fehlern hilft der Ausbilder mit einer sachlichen und ermunternden Kritik, möglichst unter vier Augen. Hier sollen auch die Fehler gemeinsam erarbeitet werden.

7. Lernerfolgskontrolle

Durch befragen des Auszubildenden durch den Ausbilder wird der Lernerfolg kontrolliert. Eventuelle Lernlücken können somit aufgedeckt und beseitigt werden. Durch Beobachtung und Kontrolle der ausgeführten Arbeit des Auszubildenden wird der Lernerfolg kontrolliert.

Während der Unterweisung wird das pädagogische Prinzip der Fasslichkeit vom Leichten zum Schweren berücksichtigt.

1. Wozu dient eine Überweisung?

Mögliche Antwort:

Eine Überweisung dient dem Transfer von Geld im bargeldlosen Zahlungsverkehr.

2. Welche Arbeitsschritte sind dabei notwendig?

Mögliche Antwort:

Zunächst werden die erforderlichen Daten aus der Rechnung herausgelesen und dann mit einem Textmarker markiert. Die markierten Daten werden mit dem Kuli in das Überweisungsformular eingetragen. Zusätzlich müssen noch die Kontonummer, der Name des Kontoinhabers und das heutige Datum in die Überweisung eingetragen werden. Danach muss die Überweisung vom Kontoinhaber persönlich oder von einem Bevollmächtigten unterschrieben werden. In einem letzten Schritt wird der Durchschlag von der Überweisung abgetrennt und der Durchschlag und die Rechnung werden an den Kunden zurückgegeben.

3. Was bedeutet Bankgeheimnis?

Mögliche Antwort:

Es bezeichnet die Verschwiegenheitspflicht. Das heißt, dass Kundendaten nicht weitergegeben werden dürfen und darüber stillschweigen bewahrt werden muss.

Operationalisierung:

Das gesamte Ausbildungsziel ist erreicht, wenn die/der Auszubildende selbstständig und Fehlerfrei die Tätigkeit durchführen kann.

8 Ablagesystem im Lieferscheinwesen (Unterweisung Groß- und Außenhandelskaufmann / -kauffrau)

von Alexander Lung

Präsentationskonzept zur praktischen IHK-Ausbildereignungsprüfung

Beruf: Kauffrau / Kaufmann im Groß- und Außenhandel

Thema: Ablagesystem im Lieferscheinwesen

Ziel: Der Auszubildende soll die Ausgangslieferscheine nach erfolgter Buchung fachgerecht trennen, sortieren und lochen können.
Er soll die Lieferscheine alphabetisch und numerisch in die Aktenordner ablegen können.

Eigenhändig
erstellt von:　Vorname Name
　　　　　　　Strasse HausNr
　　　　　　　PLZ Ort

Hannover, 02. Juni 2005

_____
Vorname Name

Inhaltsverzeichnis

1. Darstellung des Bildungsrahmens

Ausbildungsberuf:	Kauffrau / Kaumann im Groß- und Außenhandel
Ausbildungsbetrieb:	Name Anschrift
Anzahl der AN:	10 Arbeitnehmer (6 Angestellte/4 Arbeiter)
Anzahl der Auszubildenden:	2 Auszubildende
Kurzbeschreibung der Auszubildenden:	**Gerd Z.** 20 Jahre Realschulabschluss **zweites Ausbildungsjahr** z. Zt. **Abteilung:** Einkauf **Helga Y.** 21 Jahre Abitur **Erstes Ausbildungsjahr** z. Zt. **Abteilung:** Buchführung

2. Allgemeine Vorüberlegungen zur Ausbildungseinheit

Um Ausbildungseinheiten in unserem Betrieb durchführen zu können, sind allgemeine Vorüberlegungen nötig, die für die Planung, Umsetzung und Kontrolle von entscheidender Bedeutung sind:

WER soll die Ausbildungseinheit durchführen?

Für die Vermittlung der Ausbildungseinheit steht folgendes Personal zur Verfügung:

- Ausbilder/in
- Ausbildungsbeauftragte(r)
- Fachpersonal
- Externe/r Referent/in

WEM soll die Ausbildungseinheit vermittelt werden?

- Zielgruppe
- Vorkenntnisse der Auszubildenden
- Lernverhalten der Auszubildenden
- Anzahl der Auszubildenden

WAS soll vermittelt werden?

Die Ausbildungsinhalte eines anerkannten Ausbildungsberufes können aus den folgenden Quellen entnommen werden:

- Ausbildungsrahmenplan
- betrieblicher Ausbildungsplan
- individueller Ausbildungsplan
- Unternehmenswerte
- Kenntnisse und Fertigkeiten
- Schlüsselqualifikationen

WANN soll die Ausbildungseinheit durchgeführt werden und WIE lange soll sie dauern?

Um die Ausbildungseinheit erfolgreich für die Auszubildenden durchzuführen sind folgende Vorüberlegungen sehr wichtig:

- nach Ausbildungsrahmenplan
- nach dem Betrieblichen Ausbildungsplan
- die Dauer der Ausbildungseinheit

WO soll die Ausbildungseinheit durchgeführt werden?

Es sollte ein für die Ausbildungseinheit geeigneter Ausbildungsort gewählt werden.

- externer Lernort
- interner Lernort
- am Arbeitsplatz
- im Schulungsraum
- Lernbüro
- Lernecke

WOHIN sollen die Auszubildenden geführt werden?

Wichtig für den Erfolg der Ausbildungseinheit ist es, den Auszubildenden das Ausbildungsziel klar und deutlich zu machen. Was sollen sie können?

- Festlegung des Richtziels
- Festlegung des Grobziels
- Festlegung des Feinziels

WIE soll die Ausbildungseinheit durchgeführt werden?

Die Methode für die Vermittlung der Ausbildungseinheit ist ein entscheidender Faktor für den Lernerfolg. Eine Vielzahl von Methoden stehen zur Auswahl:

- Vier-Stufen-Methode
- Rollenspiel
- Leittextmethode
- Fallstudie
- Gruppenarbeit/Partnerarbeit
- Kurzvortrag/Referat
- Lehrgespräch
- eine oder mehrere Methoden zusammen

Womit soll die Ausbildungseinheit durchgeführt werden?

Es sollte vorher überlegt werden, welche Ausbildungs-/hilfsmittel für die Vermittlung der Ausbildungseinheit notwendig und sinnvoll sind, damit diese evtl. noch beschafft werden können.

3. Planung der Ausbildungseinheit

Um einen optimalen Ablauf der Ausbildungseinheit zu gewährleisten, erfolgt eine definierte Planung analog der Kriterien der Vorüberlegung.

	Festlegungskriterium	Entscheidung
Wer?	Vermittelnder	•Ausbilder
Wem?	Anzahl der Auszubildenden Ausbildungsstand	• eine Auszubildende im Alter von 21 Jahren die sich im ersten Ausbildungsjahr befindet • die Auszubildende hat eine gute Auffassungsgabe, sie ist motiviert und hat das alphabetische sowie das numerische Lieferscheinwesen bereits kennen gelernt
Was?	Quelle: Thema: Fertigkeiten: Kenntnisse: Schlüsselqualifikationen:	•Ausbildungsrahmenplan zum Ausbildungsberuf Kauffrau/Kaufmann im Groß- und Außenhandel lfd. Nr. 6.1 Buchführung. (§ 3 Abs. 1 Nr. 6.1 Buchstabe c) •Ablagesystem im Lieferscheinwesen. •Lieferscheine trennen, sortieren, lochen und abheften. •Unterscheiden, zuordnen. •Sorgfalt, Genauigkeit, systematische Vorgehensweise
Wann?	Ausbildungsjahr	•1. Ausbildungsjahr, III Quartal
Wie lange?	Dauer der Ausbildungseinheit	•25 Minuten

Wo?	Ausbildungsort	•Ruhiger Arbeitsplatz im Ablagebereich
Wohin?	Richtlernziel	•Der Auszubildende soll das Ablagesystem gekonnt handhaben können.
	Groblernziel	•Der Auszubildende soll die Kriterien beim Ablegen von Ausgangslieferscheinen kennen, erklären und umsetzen können.
	Feinlernziel der Ausbildungseinheit	•Der Azubi soll die Ausgangslieferscheine nach erfolgter Buchung fachgerecht trennen, sortieren und lochen können. Er soll die Lieferscheine alphabetisch sowie numerisch in die Aktenordner ablegen können.
Wie?	Methode	•Vier-Stufen-Methode, da hier in kurzer Zeit dem Auszubildendem Fachkenntnisse und Fertigkeiten vermittelt werden können. Die Rückmeldung kann unverzüglich erfolgen, so dass sich keine Fehler einprägen können.
Womit?	Benötigte Arbeitsmittel (Vorbereitung am Ausbildungsort)	•Ablageordner für Lieferscheine, Locher und bereits gebuchte Ausgangslieferscheine.

4. Arbeitszergliederung

Trennen, Sortieren, Lochen und Ablegen von Ausgangslieferscheinen

Schritt	WAS? Lernabschnitte	WIE? Kernpunkte	WARUM? Begründung	WOMIT? Arbeitsmittel
1	Trennung der Lieferscheine	Trennung der zwei Ausfertigungen des Lieferscheines. Zwei Stapel bilden.	Zwei verschiedene Ablagensysteme. Alphabetisch und numerisch	- Lieferscheine
2	Sortieren der Lieferscheine	**Num.Ablage:** Lieferscheine werden nach gleicher zehner Stelle päckchenweise zusammengelegt und dann aufsteigend sortiert. **Alp.Ablage:** Lieferscheine werden in Alphabetgruppen päckchenweise zusammengelegt und aufsteigend sortiert.	Lieferscheine werden ablagefertig gemacht. Sie werden vorsortiert.	- Lieferscheine
3	Lochen der Lieferscheine	Lieferscheine werden päckchenweise mittig an den Locher angesetzt und gelocht. Der Locher darf dabei nicht überlasten werden!	Zum Abheften der Lieferscheine im Ablageordner müssen diese gelocht sein.	- Lieferscheine - Locher
4	Ablegen der Lieferscheine	Ablageordner öffnen, Lieferschein zuordnen, Bügel hochklappen und mit der Lochung auf die Metallstäbe aufsetzen. Bügel schließen.	Die Aufbewahrung der Lieferscheine ist gesetzlich vorgeschrieben. Sachverhalte lassen sich nachträglich belegen.	- Lieferscheine - Ablageordner

5. Durchführung der Ausbildungseinheit

Darstellung der Vier-Stufen-Methode

1. Stufe   <u>Vorbereiten und Motivieren</u>   **Zeit**: 3 min

- Kontaktaufnahme und freundliche Begrüßung
- Thema und Lernziel nennen
- Erläuterung des Wichtigkeit des Ablagesystems
- Motivieren durch Nutzenargumentation
- Zuversicht zum Erreichen des Lernzieles geben
- Ausbildungs-/hilfsmittel nennen und erklären
- Vorkenntnisse erfragen

2. Stufe   <u>Vormachen und Erklären</u>   **Zeit**: 5 min

- Arbeitsschritte gemäß Arbeitszergliederung dem Azubi vormachen und erklären
- Die Einzelschritte erläutern und begründen warum so und nicht anders
- Der Azubi sieht und hört zu

3. Stufe   <u>Nachmachen und Erklären</u>   **Zeit**: 7 min

- Azubi macht jeden Teilschritt nach
- Azubi erklärt dabei seine Ausführungen
- Ausbilder beantwortet die gestellten Fragen und stellt auch Fragen an den Azubi
- Ausbilder hört zu, ermutigt bei Unsicherheiten und lobt die Lernerfolge

4. Stufe   <u>Übung und Lernerfolgskontrolle</u>   **Zeit**: 10 min

- Azubi arbeitet selbstständig die einzelnen Arbeitsschritte ab
- Ausbilder greift nur bei groben Fehlern korrigierend ein
- Lob und Anerkennung bei richtigem Verhalten
- Ausbilder führt eine Lernerfolgskontrolle durch
- Ausbilder gibt bekannt ob das Ziel erreicht wurde
- Ausbilder gibt Aussicht auf die nächsten Ausbildungen

6. Nachbereitung der Ausbildungseinheit

Überlegungen nach der Lernerfolgskontrolle

- War die angewandte Methode richtig?
- War das Lernziel richtig definiert und wurde es vom Auszubildenden verstanden?
- Wurde der richtige Zeitpunkt gewählt?
- Waren die Kenntnisse des Azubi ausreichend?
- Waren die Arbeits-/hilfsmittel richtig ausgewählt?
- Wurde die Lernerfolgskontrolle richtig durchgeführt?

Lernziel wurde erreicht

Mit der Ausbildung und der erfolgreichen Durchführung der Lernerfolgskontrolle ist diese Ausbildungseinheit abgeschlossen. Die Auszubildenden bekommen für ihre gute Arbeit Anerkennung und Lob. Sie werden nach ihrer persönlichen Meinung zum Inhalt und Ablauf der Ausbildungseinheit gefragt, dabei werden ihre Anregungen und Verbesserungsvorschläge aufgenommen.

Lernziel wurde nicht vollständig erreicht

Es sind bei der Durchführung der Ausbildungseinheit Fehler oder Schwierigkeiten aufgetreten, die allerdings sofort nach der Lernerfolgskontrolle besprochen und korrigiert werden. Die Auszubildenden werden nun für die einwandfrei durchgeführten Abschnitte gelobt und ermutigt, durch weitere Übungen die nötige Sicherheit und Vollständigkeit zu erlangen.

Lernziel wurde nicht erreicht

Die Ausbildungseinheit wurde von den Auszubildenden nicht verstanden.
Im Gespräch mit den Auszubildenden werden Ursachen für das Unverständnis gesucht und gemeinsam die Lösungen zur Problembewältigung vereinbart.
Der Ausbilder sollte weiterhin über evtl. Fehler bei der Vermittlung der Ausbildungseinheit nachdenken (z. B. falsch eingeschätzte Vorkenntnisse, falsche Methode, Lernhemmungen etc.) und gegebenenfalls Änderungen am Konzept oder bei der Durchführung vornehmen. Danach sollte die dann modifizierte Ausbildungseinheit zu einem späteren Zeitpunkt wiederholt werden.

Raiffeisen

Lieferschein
Von

Name der Firma
Starsse HausNr
PLZ Ort

Tel: 05542/8035-0
Fax: /8036

An

Name der Firma
Starsse HausNr
PLZ Ort

Datum der Lieferung 21.05.2005	Bestellung wurde aufgenommen durch Niemeier	Hausruf 8035-4	Datum der Auftragsannahme 20.05.2005

Versandart	Frei X	Unfrei	Verpackungsart Palette

Pos.	Artikelnummer Bezeichnung der Lieferung/Leistung	Menge und Einheit	Bemerkung
1	ArtikelNr. 2350 Ziegelstein, NF	2 Pal a 300 St.	
2	ArtikeNr. 2351 Ziegelstein, NF 2	3 Pal a 240 St.	
3	ArtikelNr. 2352 Ziegelstein, NF 3	1 Pal a 200 St.	
4	ArtikelNr. 2355 Ziegelstein, NF 5	4 Pal a 140 St.	
5	Palette, Euro	10 St.	Abholung nach Absprache

Material übergeben: 01.06.2005, Held
Bemme
    Datum, Unterschrift

Material übernommen: 01.06.2005,

    Datum, Unterschrift

Zusammenfassung

- Präsentationskonzept zum Ausbildungsberuf Kauffrau / Kaufmann im Groß- und Außenhandel
- Thema, Ziel
- Bildungsrahmen dargestellt
- Allgemeine Vorüberlegungen zur Ausbildungseinheit
- Planung der Ausbildungseinheit
- Arbeitszergliederung
- Durchführung der Ausbildungseinheit
- Nachbereitung der Ausbildungseinheit

Milton Keynes UK
Ingram Content Group UK Ltd.
UKHW040710011023
429731UK00004B/63